JN032617

米国商品情報を活用して待ち伏せする

先取り"株式投資術

大きく動く前に仕込むための思考法とアクションプラン

松本 英毅
MATSUMOTO EIKI

東条 麻衣子
TOJYO MAIKO

まえがき

1 少し視点を変えるだけで、ファンダメンタルズは役に立つ

　ファンダメンタルズ・トレーディングとは、需給動向など、その市場を動かす基礎となる要因を分析し、それに基づいて今後の値動きを予想し、利益を得ようとするトレーディング方法です。

　これに対して、"材料"はあまり重視せず、過去の値動きに基づいて一定の法則などを導き出し、将来の予想に役立てようとするものがテクニカル・トレーディングです。

　私は過去10年以上にわたって、ファンダメンタルズ分析を中心に米国市場の相場予測を行い、日本の投資家の皆さんにレポートを送り続けてきました。この一連の流れの中、独自の分析手法やトレードのルールなどを確立させることで、予想の精度や成績も徐々に向上してきたと自負しています。

　一方で、巷にはテクニカル・トレードに関する本が多く出回っているものの、「ファンダメンタルズを実際にどのようにトレードに応用すればよいのかについて書かれた本は、ほとんど見かけない」と常日頃、思っていました。

　私のまわりにも、「ファンダメンタルズは当たらないので、テクニカルでトレードをやっている」という人が多いです。ニュースとして皆さん気にしてはいるものの、実際のトレードにはほとんど活かされていないというのが実際のところでしょう。

　ファンダメンタルズが当たらないというわけではありません。なぜ

なら、ファンダメンタルズに基づいたトレードで十分に利益を出すことは可能だからです。

　うまくいかないのはなぜかというと、ファンダメンタルズの活用の仕方を誤解しているからです。実際、そのケースがほとんどです。ファンダメンタルズがテクニカルよりも優れているなどとは言いません。でも、視点や考え方を少し変えるだけで、十分に役に立つ分析方法になることだけは覚えておいてほしいと思います。

2　商品への投資を有効に活用しないと、大きなチャンスを失う？

　本書は、私が専門としている米国を中心とした国際商品市場に注目した投資理論を主軸に書いています。一般の投資家にとっては、「商品市場＝なじみのない取引」というよりも、「商品市場＝リスクの高い取引」という印象のほうが強いかもしれません。

　でも本当にそうでしょうか。

　私は、そんなことはないと考えています。状況次第では、確かに荒い値動きになることもありますが、それは商品市場に限ったことではありません。2017年あたりから急速に注目を集めるようになってきた「ビットコイン」などの仮想通貨取引はその代表例です。あるいは、株式市場においても中小の個別銘柄の中には、商品市場よりもはるかに激しい値動きをするものが数多くあります。当然、それだけリスクも高くなっています。

　商品市場で大きな損失を出したという話をよく聞きます。ただ、突き詰めていくと、その原因のほとんどは「自分の資金力をはるかに超えるレバレッジを掛けて取引をしたこと」にあります。マーケットの

リスクが高いからだけではないのです。むしろ、需給がしっかりと反映されるがゆえに、ファンダメンタルズ分析を有効に活用することができる商品市場は、他の市場よりもリスクをコントロールしやすいと思います。

　もちろん、ファンダメンタルズを理解してトレードするには、それなりにしっかりとした勉強が必要です。市場を理解すればするほど、リスクを低く抑えた投資が可能になるからです。市場のことをよく知らないままに取引を始めたり、チャートの見方を少し教えてもらっただけでわかった気になって、大きなポジションを持ったりすることのほうが、はるかにリスクの高い行為だと思います。

　市場の仕組みやファンダメンタルズをしっかりと理解し、正しい分析方法を用いて相場の予測を立て、どのようなときに取引するべきなのか、あるいは取引してはならないのかをしっかりとわきまえたうえで、適切な資金量で取引を行えば、どのような市場であってもリスクを必要以上に取ることなく利益を狙うことは可能です。

　特に商品市場の場合、扱っている銘柄は身近にあるものがほとんどです。日常の生活で使用することも多く、少し勉強すれば、仕組みやファンダメンタルズを理解することは可能です。為替市場のように、政治家や政府要人の突然の発言に振り回されることもほとんどありませんし、株式投資（以降、株式）のように、人為的な行為（不祥事や粉飾決算など）で相場が急変することもありません。相場を動かすのは天候や需給バランスといったファンダメンタルズ要因がほとんどなので、そもそもインサイダー取引も存在しません。

　だからこそ、しっかりと勉強することができれば、著名アナリストにも決して引けを取らない分析が可能になります。商品市場は、一般の個人投資家が、いわゆるプロと呼ばれている機関投資家に太刀打ちすることのできる、数少ない市場のひとつなのです。

もちろん、商品市場がすべてではありませんし、商品市場でのトレードだけやっていればよいというわけでは決してありません。資産運用の基本はやはり債券や株式です。そこにFXや不動産、新興企業への投資などを加えて、リスクの分散とリターンの向上を狙うのが王道です。

　商品市場への投資はあくまでも脇役ですが、投資のポートフォリオの中に商品をまったく加えないという手はありません。市場はすべて密接に関係しています。つまり、商品市場へ投資することは、単にリスクの分散につながるだけではないのです。トレードを通じて商品のファンダメンタルズを理解することにもつながります。株式やFXなど、他の市場の分析や相場予想の精度が上がるという利点もあります。現在、商品市場で取引していないという人は、そうしたチャンスを自ら手放しているようなものなのです。これほどもったいないことはありません。

3　それなりの勉強は必要ですが、決して無駄にはなりません

　ファンダメンタルズを使って実際のトレードに役立つ予測を立てられるようになったり、分析できるようになるためには、その市場についてしっかりと勉強をすることが大切です。「簡単でわかりやすい」とか、「初心者でも気軽に始められる」などと言うつもりはありませんが、一日何時間も勉強して、何年も経たないとモノにはならないというほどハードルが高くないのも確かです。

　とっつきにくい話も確かに多いですし、最初のうちは理解も進まず、苦労するかもしれませんが、商品に関して言えば、所詮は日常的に使っているものの需要と供給の話です。目に見えないミクロの話や、宇宙のはるか彼方の話をしているわけではありません。少し慣れてくれ

ば誰にでも理解できるような内容がほとんどですし、株式や FX など、他の市場と共通する部分も多いと思います。頑張って基本的な部分をしっかりと理解してしまえば、他の市場に十分に応用が利くことも多く、努力が無駄になることは決してないでしょう。

　ファンダメンタルズを勉強していくうえでもっとも大切なのは、何よりもその市場を好きになることです。常に好奇心をもって情報を収集して、研究と実践を並行して行うことだと思います。

　巷にはその相場のスペシャリストとされる人々、いわゆるアナリストと呼ばれる人々によるレポートが、数多く出回っています。しかしながら、実際に相場を張らないアナリストの分析ほど、トレードの役に立たないものはありません。彼らの分析が間違っているからではなく、相場で利益を得ることを目的に分析していないところに最大の原因があります。彼らはトレードで勝つことよりも、どうすれば自らの書くレポートが高い評価を得て、人々に読んでもらえるのかを第一に考えます。人々の目を引いて話題になるような大胆な予測はもちろん、値動きの背景にある材料や理論的な裏付けがいかにしっかりしているのかに重点が置かれることになります。その道のベテランなら説明もうまいので、話を聞いているとその通りになるような気にさせられますが、それだけに注意が必要です。

　机上の理論だけに終わって実際にトレードをしない人は、有効な相場予測を立てることはできません。一方で、値動きばかりを追いかけてファンダメンタルズを勉強しない人も、長期的な視点では相場に勝つことは難しいでしょう。

　本書では、ファンダメンタルズの分析方法のみに留まらず、それ（ファンダメンタルズ）を使って実際のトレードにどのように応用していけばよいのかに焦点を当てて、私なりの考え方をご紹介していきたい

と思います。この本を読んでくださった皆さんが、トレードや分析方法に関して新たな発見を行い、トレードでしっかりと利益が出せるようになることを、心から願ってやみません。

本書について

　本書は共著で、2部構成になっています。

　第1部は、アメリカの商品情報について、松本英毅氏が解説しています。

　第2部は、アメリカの商品情報を日本の株式投資に生かすという内容で、東条麻衣子氏が解説しています。

　アメリカの商品情報を日本の株式投資の「先行指標」として活用とするテーマです。「待ち伏せする」という戦略についての理解を深めるためにも、じっくり読んでいただくことをお勧めします。

パンローリング編集部

第3章　商品市場別のファンダメンタルズ攻略法

第4章　各市場で注目すべき材料とその分析方法

第5章　実際にトレードをしてみよう

第5章　ボトムアップ方式の銘柄選択

第1部

米国商品情報編

第**1**章

ファンダメンタルズ・トレーディングとは何か

～第1節～
ファンダメンタルズは 思ったほど難しいものではない

　どのような分析手法にも、向き、不向きがあります。ファンダメンタルズ分析を使ってトレードをしようと思うならば、それに適したトレード手法を使わなければ意味がありません。その観点から、まずはファンダメンタルズ分析の特徴をここでおさらいしておきたいと思います。

1）最終的には、需要と供給ですべてが決まる

　ファンダメンタルズというのは、突き詰めていえば需要と供給のバランスです。需要が供給を上回れば（＝品不足になれば）価格が上昇し、供給が過剰になれば（＝品余りになれば）価格は下落します。この部分だけをしっかりと認識さえすれば大丈夫です（次ページ参照）。
　もちろん、「どうしてこの材料が需要の増加につながるのか」など、細かい理論や知識も必要ではありますが、そうしたものは専門家の意見を聞いておけばよいと思います。ファンダメンタルズ・トレーディングで成功を収めるためには、例えばリスク管理の手法や、ファンダメンタルズに対して実際に市場がどのように反応するのかを見極めるための経験、テクニカルな動きを把握する知識といった、専門知識とはまた別のスキルが必要なのです。

◆需要と供給の基本的な考え方

①需要 ＞ 供給

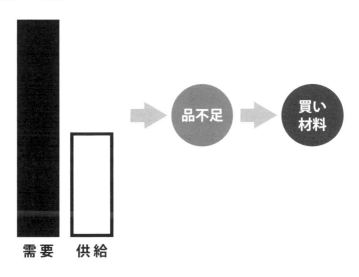

②供給 ＞ 需要

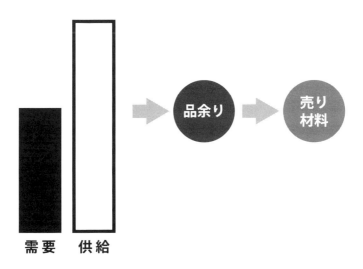

2）ひとつの材料に対する反応は基本的にひとつ

　ファンダメンタルズは、ある意味、絶対的なものなのですから、ひとつの材料に対して複数の答えは存在しません。需要が増加するような材料は、どこまで行っても買い材料です。専門家の誰に聞いても同じ答えが返ってくるでしょう。

　もちろん、実際の相場はそこまで単純ではなく、教科書通りの値動きをしてくれるとは限りませんが、あくまでも「ひとつの材料に対する答えはひとつだけ」が基本となります。

3）短期間には、簡単に変わらない

　相場は短い間に、いとも簡単に方向性が変わってしまいますが、ファンダメンタルズは頻繁に変化するものではありません。天変地異でもない限り、需給のバランスというのは数カ月かけてゆっくりと変化していくものです。

　当然ながら、ファンダメンタルズ分析は、日計りの短期トレードにはまったく向いていません。あくまでも、中長期的なトレンドを掴むための手法なのです。

個人投資家に
ファンダメンタルズ・トレーディングを
勧める理由

　意外に簡単で、わかりやすいファンダメンタルズの分析を中心に、中長期的な視点で投資を行うファンダメンタルズ・トレーディングは、トレーディングにあまり多くの時間をかけられず、また相対的に資金量も小さい個人の投資家にとっては、最適な投資方法だと考えます。

　テクニカル指標やチャートを用いたもの、定期的・周期的にある特殊な動きを見せる相場に着目したアノマリーなど、他にも分析方法は存在します。もちろん、投資では相場から利益を得ることが最終目的ですから、どのようなトレード手法であってもそれで儲けることができればそれに越したことはありません。おそらくは、そのトレード手法がその人に合っているのでしょう。

　ただ、それぞれの手法には一長一短があるのも事実です。「すべてが完璧」という手法が存在することはありません。

　本節では、ファンダメンタルズ分析が個人投資家の中長期投資に向いている理由を、他の分析や投資方法を行ううえでの注意点とともに、説明したいと思います。

1）テクニカル分析では、数をこなす必要がある

　過去の値動きから算出したインディケーターや、チャートを利用し

て将来の値動きを予測するテクニカル分析は、基本的には統計学に基づいた分析手法です。「相場のことは相場に聞け」という格言も考慮して、必要に応じて私も積極的に利用しています。

　ただ、ここで注意しておかなければならないのは、「あくまでも過去の値動きのパターンがこうだったから、将来もこうなる可能性が高い」という、統計的分析と確率論に基づいた投資手法であるということです。

　テクニカル分析で満足のいく結果を得るためには、どうしても十分な数をこなす必要があります。例えば、サイコロを振って「1」の目が出る確率が6分の1であることは、誰もが知っていることですが、だからといって、今から6回サイコロを振れば、必ず「1」の目が1回は出るかというと、そうではありません。あくまでも数千回、数万回サイコロを振ったうえで期待できる確率なのです。

　テクニカル分析を用いたトレード手法も同様です。望み通りの利益を得るためには数多くのトレードを行う必要があります。売買サインが出た場合は常にポジションを持ち、負けが少々続いたとしてもそれに耐えられるだけの資金量がなければ、良い結果を期待することは難しいでしょう。

　こうしたことができるのは、やはり常に相場をウォッチすることができ、しかも豊富な資金を持っている投資銀行やファンドなどのプロの投資家なのです。一日中相場に張り付いていることもできず、資金量も十分ではない一般投資家は、かなり不利な立場に立たされます。このことは、しっかりと認識しておくべきです。そのうえでしっかりと利益を得ることのできる、素晴らしい手法を持っているのならば、もちろん、そのやり方を積極的に進めればよいと思います。

2）アノマリーは、終わってみるまでわからない

　アノマリーとは、1年の間に出現する“ある偏った値動き”をするパターンや時期に着目し、その傾向をトレードに採り入れようとする手法です。例えば、「株式市場が1月に下落した年は、年間を通じて下落する」とか、「9月と10月は市場が荒れやすい」など、専門ではありませんので私は詳しくは知りませんが、世の中には数多くのアノマリーが存在します。

　商品市場にも、もちろん、アノマリーはあります。例えば、コーン市場は2月にその年の安値をつける（February Low）とか、7月4日の独立記念日の翌営業日は、穀物や大豆市場は上昇するといったアノマリーがあります。

　なかには、アメリカンフットボールのスーパーボウルで、AFC（アメリカン・フットボール・カンファレンス）のチームが勝った年は弱気相場になるといった、科学的には信じ難いものもあります。その一方で、ファンダメンタルズから見ても十分に理由のあるものもあります。

　ですから、一概にアノマリーは駄目だと言うつもりはありません。ただ、アノマリーを使って実際にトレードをするとなると、ひとつ大きな問題が出てくることについては知っておかないといけません。何かというと、「終わってみなければ、それが正しかったのかどうかが判断できない」という点です。

　例えば、1月に株が下落したからといって、その後、年間を通じてポジションを弱気に傾け続けるのは、かなりのリスクを伴います。仮に、このアノマリーを信じて、2月に株価指数の先物を売っていたとします。ところが、その後、市場は大きく上昇し、8月まで上昇局面が続いたとしたらどうでしょうか？　この間に生じた損失に対して、資金的にも精神的にも耐えられずに買い戻してしまう人がほとんどだ

と思います。その後、9月と10月に急落して、「結果的にはアノマリーは正しかった」という現実を見せつけられたとしても、もはや後の祭りです。

　短期間に結果が出てくるアノマリーならよいですが、長期にわたるアノマリーは、実際のトレーディングでは使えないことがほとんどなのです。

市場は
ファンダメンタルズそのものには
反応しない

　先述したように、ファンダメンタルズとは、簡単に言えば需要と供給のバランスです。どのような材料でも、突き詰めていけば、「需給バランスにどのように影響するのか」に行き着きます。そのうえで、市場で消化されます。

　経済学の教科書では、需要が供給を上回れば価格は上昇し、供給を下回れば下落すると教えられます。

　ところが、実際の相場は、教科書通りには動いてくれません。強気の材料が出たにもかかわらず、その後、価格が下落したり、逆に弱気のサプライズが飛び出したのに買いが集まってくるなどの動きはしょっちゅう起こります。事実、教科書通りの動きにならなくて痛い目に遭ったという方も少なくないのではないでしょうか。

　いったいどうして、このようなことが起こるのでしょう。ファンダメンタルズは、「価格を予想するツールとしては優秀ではない」ということなのでしょうか。

　いや、そういうことでは、決してありません、需給は将来の価格を予想するうえで、なくてはならない材料です。思ったように相場が動いてくれないと思っているのは、ただ単にファンダメンタルズと値動きの関係性を、間違って理解しているからなのです。相場は足元のファンダメンタルズの強い、弱いで動くものではなく、「将来的にその

ファンダメンタルズがどのように変化するのか」を見極める形で動くのです。現在の需給がどれほど強気（供給不足の状態）であったとしても、将来的にさらに強気に変化する（需給が引き締まる）方向に動かなければ、それ以上価格は上昇しません（次ページ参照）。

　逆に、大幅な供給過剰の状態にあったとしても、将来的に生産見通しの引き下げや需要の回復など、需給が引き締め方向に変化する可能性があると考えられるのであれば、価格は上昇していきます。

　こうした状況下で、我々はよく「材料出尽くし」という表現を用いますが、何でもかんでも出尽くしで片付けてしまうのは危険です。

　例えば、強気の需給見通しを背景に相場が大きく上昇してきて、もうそれ以上強気の変化が望めないとなれば、価格は下落に転じます。このケースは、まさに「買い材料が出尽くした」ということになりますが、いくらなんでも行き過ぎだろうというほどの急伸の後でも、さらに需給が強気に変化するとの見方があるのなら、相場は上昇を続けます。

　重要なデータの発表直後に、「材料出尽くしとなったから」と機械的に反対方向にトレードを仕掛ける人もいますが、実際にはもう一段上がった、あるいは、まだ底はつけていなかったということもよくある話なのです。

　重要なのは、あくまでもこの先のファンダメンタルズの変化です。現在の上昇に惑わされず、将来的に需給がどのように変化するのかを常に考えて予測を立てる癖をつければ（第2章第5節参照）、勝ちトレードにつながる確率もグッと上がってくるでしょう。

ファンダメンタルズ的な数値 ●

.... 平均

現時点で、ファンダメンタルズ的な数値が平均より高いからといって、市場が反応するわけではない

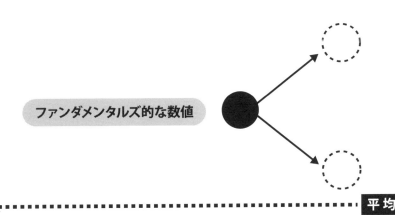

ファンダメンタルズ的な数値 ●

.... 平均

「その後、どう変化するのか」に市場は反応する。仮に、ファンダメンタルズ的な数値が平均より高くて割高に見えたとしても、その後の変化が強気ならさらに上がる。もちろん、弱気なら下がる

~第4節~
インターネットの発達で
情報の賞味期限も短くなった
～先取りの重要性～

1）情報は一瞬で知れ渡る

　インターネットが発達したおかげで、情報という情報はSNS（ソーシャル・ネットワーク・サービス）などを経由して、瞬時にして世界中に伝わるようになりました。例えば、「ナイジェリアで石油施設が反政府勢力の攻撃によって破壊され、石油生産が停止してしまった」というようなニュースも、数時間後には世界中のエネルギー関係者の知るところとなっているでしょう。

　こうした状況下では、仮に大きな材料が飛び出したとしても、それを市場が消化するのにほとんど時間が掛かりません。一昔前なら、数日かけて相場に徐々に織り込まれていたような材料でも、今ならば、市場が反応を終えるまでは数時間がよいところでしょう。情報を他人よりも早く入手し、先手を打ってポジションを仕掛けたとしても、以前ほどの利益を得られなくなってきているというのが実際のところです。

　もちろん、周期が短くなったらなったで、他人よりも数分、あるいは数秒早いタイミングでトレードを行うような戦略もありますが、それは基本的にコンピュータープログラムを使った、大掛かりなものでないと、機能しないと思います。

最近では、ニュースのヘッドラインに反応して、自動的にオーダーを入れるようなプログラムがあります。そういうものを何本も走らせているヘッジファンドもあると聞きます。このような仕組みで利益を得られるとなると、当然ながら、多くの投資家が同様の手法を取るようになりますから、最後はコンマ数秒でも早く動いたほうが勝ちという、時間との戦いが繰り広げられるようになります。

　このような熾烈な状況になってくると、もはや情報を分析して相場を予想するという、ファンダメンタルズ・トレーディングの本来の姿からはかけ離れたものになります。性能の良いコンピューターも、超高速のインターネット回線も持っていない個人投資家が、太刀打ちできるものではないでしょう。

２）先取りの重要性

　インターネットの普及によって、個人投資家でも本当に多くの情報を入手できるようになりました。その点では機関投資家など、プロの投資家との差もほとんどなくなったと思いますが、その分、情報の賞味期限もどんどん短くなっていますから、何か材料が出てから動いているようでは、間に合わなくなってきているのです。これからの時代は、材料が出るのを待つのではなく、一歩進んで「この先、どのような材料が出てくるのか」を予想し、先手を打って仕掛けることでしか勝てなくなっていくのではないかと考えます。

～第5節～
テクニカル分析にも弱点はある

　ここで改めて、テクニカル分析についての話をしたいと思います。

　トレードをしている人たちの話を聞くと、「ファンダメンタルズは当たらないので、テクニカル分析を使っている」という人が思った以上に多くいることに驚かされます。ファンダメンタルズ分析をトレードの軸に据えている私は、かなり少数派と言ってもよいのではないでしょうか。

　それだけ多くの人々が、テクニカル分析を使っているのですから、それはそれで非常に有効な分析手法だということなのでしょう。もちろん、それを頭から否定するつもりはありません。

　ただし、テクニカル分析といえども万能ではないことには注意しておく必要があります。実際、さまざまな弱点や矛盾を抱えています。トレードのテクニックを磨くためにも、テクニカルを研究することは非常に大切ですし、積極的にするべきだとは思いますが、それだけを信じていれば、必ず相場に勝てるわけではないことも本当の話なのです。「自分はテクニカルを中心にやっていくんだ」という投資家も、これから挙げる弱点は、最低限頭に入れてからトレードを始めるべきでしょう。

1）過去の成績は、将来の利益を保証するものではない

　米国で、ファンドなどの資産運用の口座開設に関する資料を見ていると必ず「過去の成績は、将来の利益を保証するものではない」という文言が「警告」として目立つところに載せられています。将来のことは誰にもわからないので、勧誘をする側も過去の実績を顧客にアピールするしかないわけですが、同時に、それは決して将来の利益を約束するわけではないという警告でもあるのです。

　考えてみれば当たり前のことです。こうした警告文を資料の目立つところに入れることを規制当局が強く求めているということは、そうした誤解を生むことが非常に多いということなのでしょう。

　テクニカル分析は、基本的に過去の値動きなどのパターンを分析して、将来を予測するものです。テクニカル分析のセミナーや、それを用いた投資の勧誘などを聞くと、必ず過去のチャートパターンが紹介されると思います。インディケーターを用いたものなら、過去にそのインディケーターが有効に機能したときのチャートを2つ、3つ紹介されて、「どうです、このインディケーターを用いた売買のサインは、非常に役に立つでしょう」という感じの解説を受けるはずです。しかも、提供されるパターンはそれがはまったときのものばかり。サインが役に立たなかったという例も必ずあるはずですが、失敗例を見せられることはまずありません。成功例ばかりを見せられた一般投資家の方の中には、「この分析手法は必ず当たる」といった、盲目的な信じ方をされる方も必ず出てきます。これは非常に危険なことです。

　ゴールデン・クロスにせよ、ブレイクアウトにせよ、移動平均線にせよ、一目均衡表にせよ、それが有効に機能する場合もありますが、外れる場面も当然あります。

　テクニカル分析で使う用語に、「ダマシのサイン」があります。これはサインが外れる場合があることを、当事者が認めているからにほ

かなりません。当たり前のことですが、最初にこのことをしっかりと認識しておくことは、非常に大切だと思います。

2）確率論として活用するのは有効だが、個人のレベルでは無理がある

　もちろん、ここまでお話ししたことは承知のうえで、「確率的には成功することが多い」ということであれば、このインディケーターや売買サインを使うというのが、本来の姿なのだと思います。

　ただし、ファンダメンタルズ・トレーディングをお勧めする理由のところで説明した通り、確率論で利益を上げようとする以上は、十分な回数のトレードを行う必要があるということです。あるテクニカルな売買サインがあって、それが非常に有効だというのであれば、サインが出たときにはすべてのトレードに参入する必要があります。「今回は怪しいので止めておこう」とか、「今回は自信があるのでポジションを増やそう」というようなことをすれば、確率論の前提が大きく崩れてしまうからです。
　そして、それができるのは、組織立って運用を行い、なおかつ資金も潤沢にある「機関投資家」だけということになります。少なくとも個人のレベルでは、資金的にも時間的にも、まず不可能だと考えておくべきです。

　有名なテクニカル指標が売買サインを出したときには、多くのトレーダーがそれに従って動くので、やはり有効に作用するということもあるでしょう。これは、それなりに理に叶っていますが、そうであればあるほど、速さの勝負になります。売買サインが出たとき、「他人よりもいかに早く仕掛けることができるのか」が重要な鍵を握るとなれば、やはり個人投資家レベルでは歯が立ちません。機関投資家が一

気にポジションを持った後、それを後追いするような格好となったの
では、良い結果につながることは少ないでしょう。

第**2**章

ファンダメンタルズを使って
相場に勝つポイント

～第1節～
相場を追いかけるのではなく、待ち伏せしよう

　この先、どのような材料が出てくるのか、あるいは、今ある材料がどのように変化するのかを予想して、先手を打って仕掛けるトレード戦略は、基本的に「待ち伏せ型」ということになります。

　材料が出るのを待って、相場の流れを追いかける、あるいは、それに立ち向かうという「反射・対応型」のトレード戦略では、情報も値動きも速く変化するため、個人投資家のレベルではもはや付いていくことができません。運良く利益を得ることができたとしても、短期間に起こる激しい変動の中で、いずれ淘汰されてしまうことになると考えておくべきでしょう。「待ち伏せ型」こそが個人投資家が生き残る、唯一の道なのです。

　待ち伏せである以上、あらかじめポジションを仕込んで、予想した方向に相場が動いてくれるのをじっと待つことになります。一度狙いを定めてポジションを取ってしまえば、後はひたすら待つだけでよいのです。

　もちろん、待っていても相場が振り向いてくれず、反対の方向に動いて損失が出てしまうこともありますから、リスク管理は何にも増して重要です。

　また、そうした場面に何度も出くわさないためにも、相場が激しく動いているとき、いわゆるボラティリティー（変動率）が高いときに

は、十分な注意が必要です。できれば、値動きが激しいとき（＝リスクが高いとき）には仕掛けないほうがよいでしょう。君子危うきに近寄らず、です。具体的なトレードの方法については後の章で詳しく説明しますが、**値動きの穏やかなときに参入して、相場が動き始めるのを待つ**のが鉄則であることを覚えておいてください。

。

将来の動きを、
毎回、必ず当てる必要はない

　相場予測とは、未来の値動きを当てることに他なりませんが、そもそも超能力でもない限り、そうしたことは不可能です。

　値動きというのは「上がる」か、「下がる」か、「もみ合い」かの3通りしかないのですから、やみくもに勝負しても3分の1の確率で予想が当たることにはなるでしょう。もちろん、それではしっかりと利益を取ることはできませんので、我々は収集した情報やさまざまな分析、過去の経験などに基づいて、「少しでも可能性の高い方向はどちらなのか」を考えることになります。資金管理さえしっかりしていれば、予想の半分が当たったときには安定的に利益を積み上げることができます。60%の勝率なら、もう御の字ということになります。なかには、連戦連勝という人もいるようですが、そういう特殊な才能を持っている人の真似をしても、おそらくはうまくいかないでしょう。我々はまず勝率を50%に設定して、できれば、さらに少しでも勝率を高めることを目標とするべきなのです。

　もちろん、6勝4敗なら御の字だといっても、すべてのトレードのうち40%は予想が外れて損失が出ていることになります。この部分をどのように管理し、損失を少しでも少なく抑えるのかが非常に重要になります。このあたりは資金管理の話になります。後で触れますの

で、まずは勝率6割を目指して、予想を立てることから始めればよいと思います。4割は予想を外しても大丈夫だという心の余裕を持つことは、相場分析の精度を上げることにもつながるからです。

　ここで、一番大切なのは、少なくとも4割は負けるものだと考えて、その場合の撤退方法を事前に用意しておくことなのです。

　負けた場合のことを最初から想定しておくのは「潔くない」と考える方がいらっしゃるかもしれません。

　しかし、それでは相場には勝てません。「予想は絶対に当たるのだ」という強い意志を持ってトレードしても、負けるときは負けるのです。少々格好悪いかもしれませんが、この世界で生き残る秘訣は、常に負けたときのことを考えて、細心の注意をもって最善の準備をしておくことに他なりません。

～第3節～
「タラ、レバ」の予想を
常に心がけよう

　ファンダメンタルズ分析に基づく相場予想の基本は、「タラ、レバ」です。「雇用統計で非農業雇用者数が予想を上回る伸びとなったら、ドルは上昇するだろう」とか、「米エネルギー省の在庫統計で原油在庫が大幅な積み増しになれば、原油は売りに押し戻されるだろう」というイメージです。

　一見すると、至極当たり前のことのように思われますが、実際にこうした予想を行っている人は少ないのです。

　反対に、やってはいけないのが、「こうなったから、こうなる」という思考に基づいた予想です。こちらは、「雇用統計が強気のサプライズとなったから、ドルはさらに上昇する」「原油在庫が予想を上回る積み増しとなったから、原油は大きく値を下げる」という感じになります。

　「なんだ、同じことを言っているじゃないか」と思われるかもしれませんが、実は大きく違います。

　前者は、将来起こるファンダメンタルズの変化に基づいて、予想を立てています。雇用統計や在庫統計の発表前に、「どのような数字だと、どのような変化が生じるのか」を予想してトレードするわけです。

　一方、後者では、すでに市場で発表された材料に基づいてポジショ

ンを持つことになります。一見すると、後者のほうが確実のような気がしますが、相場というのは現時点のファンダメンタルズではなく、その将来的な変化に反応して動くものなのです。もちろん、この先、強気を裏づけるような材料が続いて出てくるのであれば、ドルは上昇するのでしょう。しかし、それはまた別の話です。

インターネットの発達によって情報が瞬時に伝わるようになった今の世の中、「雇用統計で非農業雇用者数が予想を上回る伸びとなる」ということがわかれば、おそらく数分も経たないうちに相場に織り込まれることになるでしょう。

もちろん、その数分の間に利益を得ようとする戦略もあります。しかし、それは "スピード" の勝負になります。高性能のコンピューターと超高速インターネット回線を用意し、十分な数のトレーダーを配置している大手の投資銀行などには、どうしても負けてしまいます。個人がファンダメンタルズで勝負するのであれば、やはり材料の変化を事前に予測するしかありません。

ここでひとつ言えるのは、**ファンダメンタルズの変化を予想するのは、事前の分析さえしっかりとやっていれば、値動きそのものを予想するよりも簡単だ**ということです。足元の値動きにとらわれず、需給がどのように変化するのかだけに絞って予想してみれば、答えは意外と簡単に見つかるでしょう。

どちらに動くのかではなく、どちらに動けば利益を出しやすいのか、を考える

　「相場予想は"上がる""下がる""もみ合い"の３通りの中からどれかを選ぶことである」については、すでに説明しました。要するに、少なくとも 33% の確率では当たることになります。ただし、それでは利益を得ることは難しいので、我々はその確率を少しでも高める努力をしているとも書きました。

　ここで誤解してはいけないのは、上がる、下がる、もみ合いのうち、一番可能性の高いものに賭けるということでは必ずしもないということなのです。値動きの大切な要素としては、方向性のほかに「値幅」があります。

　例えば、ある銘柄が 70% の確率で上昇すると予想したとしましょう。普通に考えれば迷うことなく買いを仕掛けるところですが、ここではさらに踏み込んで、どの程度の値上がり幅が期待できるのかについても予想しなければなりません。70% の確率で上昇するけれども、上昇幅は 30 ポイント程度にしかならないケースと、残りの 30% の確率で下落した場合、80 ポイントは期待できるケースがあるとします。この条件であれば、下落に賭けるべきなのです。つまりは、「相場がどちらに動くのか」ではなく、「どちらに賭けたほうが利益を得る確率が高くなるのか」を考えるのです。

ここでは、いわゆる、「期待値」という概念が登場します。70%の確率で30ポイント上昇するならば、上昇の期待値は30ポイント×0.7（70%）=21ポイントとなります。一方、下落の期待値は80ポイント×0.3（30%）なので、24ポイントとなります。この場合は、下落の場合の期待値のほうが高くなるのです。

　もちろん、こうした教科書通りの話をするつもりは、さらさらありません。期待値が同程度の場合なら、値幅が大きくなりそうな方向に賭けたほうが、成績も良くなることが多いのです。「95%の確率で上昇する」といった予想になった場合には、この限りではありませんが、判断に迷うような微妙な状況ならば、大きく動く方向に賭けるべきでしょう。

　その理由は、少しでも大きく利益を取りたいという、人間の心理にあります。大きな値動きが期待できないとなれば、人はどうしても取るポジションのほうを大きくして、利益を稼ごうと考えてしまいます。そちらの方向に動く可能性が高いと自信を持っているのなら、なおさら大きくリスクを取ることになります。

　逆に、可能性は低くても、大きく動きそうな方向に賭けるのなら、大きく賭けることは決してしません。大きく動くのだからと、通常より少しポジションを控えめにして、リスクを抑えることになるでしょう。

　絶対の予想はありません。相場がポジションと反対の方向に動いてしまった場合、どちらのトレードの被害が大きくなるのかは、目に見えています。相場に自信は禁物です。どちらに動くのかは、やってみないとわかりません。常に謙虚に、リスクは控えめが鉄則です。自信があるからとリスクを大きく取るのは、破滅への第一歩だと考えてください。

～第5節～
目立たない材料にこそ、チャンスが隠されている

　ファンダメンタルズによる相場予測のポイントは、需給バランスなどの足元の材料を分析して値動きを予測するのではなく、そうした材料がこの先どのように変化するのか、あるいは新たにどのような材料に注目が集まるようになるのかを予測することです。そして、需給の変化を予想するのは、相場の方向性そのものを予想するよりも簡単なことが多いです。

　ここでのポイントは、現在、あまり大きな注目を集めていない"小さな材料"にあります。需給に関する材料には、連続性があります。天変地異や戦争でもない限り、ある日突然、大きく変化することはありません。

　例えば、石油需要が増加する背景には、経済成長に伴う工業需要の増加や、車での移動が増えることによるガソリン消費の増加、冬場に厳しい寒さが続くことに伴う暖房需要の増加などがあります。いずれも状況は徐々に変わってきます。それまで低迷していた需要が、明日から急に大幅に増えることはありません。景気も一朝一夕に回復するものではなく、さまざまな要因を取り込みながら徐々に良くなっていくものです。為替や金相場に直接的な影響を及ぼすことが多い、米連邦準備制度理事会（FRB）などの各国の中央銀行の金融政策も同様です。9・11テロや、リーマンショックの後の緊急利下げといった特殊な状況下における例外はありますが、やはり長い時間かけて徐々に

変更されていくものです。

　ファンダメンタルズの材料が長い時間をかけて少しずつ変化していくのに対し、相場というのは、ある日突然に動き出すものでもあります。
　しかし、それは、材料が突然大きく変化するからではなく、時間をかけて徐々に変化してきた材料に対して、市場が突如注目度を高めることによって起こることがほとんどなのです。

　今現在はあまりニュースになることもなく、市場もほとんど無視しているような材料の中で、将来的に主役に躍り出る可能性のあるものを見つけることができれば、事前に網を仕掛けておく「待ち伏せ作戦」によって、市場の注目を集め始めたときにはしっかりと利益を得ることができます。

　私は毎日、「市場でどのような材料が出てきて、それが値動きにどのように影響を及ぼしたか」というレポートを、投資家向けに配信していますが、実はそういうニュースになるような材料はあまり気にしていません（もちろん、無視することは絶対にありません）。なぜかというと、将来、それが直接役に立つことは少ないからです。
　インターネットを使って、細かく検索を掛けながらニュースを追いかけていれば、市場がほとんど注目していないような材料も多く引っかかってきます。その中には、当然ながら、将来的に大きく化けるものも含まれています。そういう「金の卵」を見つけることが、情報収集において一番大切な作業となります。
　例えば、最初のうちは専門的な WEB サイトで 3 日に一度程度しか小さく取り上げられることがなかったような材料が、徐々に検索に多く引っかかってくるようになれば、しめたものです。さらに、その後、大手のニュースサイトに少しずつ取り上げられるようになれば、そろそろ仕

掛け時でしょう。

　後は、それに市場が反応するようになり、さらに多くのニュースに取り上げられるようになるのを待つばかりです。そのころにはすでに一相場終わっているでしょうから、粛々と利益を確定するための準備を始めればよいのです。

　巷では「大手経済紙の○○新聞に取り上げられるようになったら、その相場も終わり」と言われることがあります。それはまさに、こうした過程を表していることなのだと思います。

　ただし、相場の終わりがわかったからといって、そこから反対売買を仕掛けて利益を得られるものではありません。相場の終わりは新たな始まりにつながるからです。必ず、それが反対方向に動くとは限りません。利益を得るためには、常に相場の始まりを知ることが大切で、そのためには普段から小さな材料を細かくチェックするという、地道な作業が必要となってくるのです。私もレポートでは、なるべくこうした小さな材料に言及するようにしています。

　大切なのは、常に次に注目を集める可能性のある材料は何なのかを考え、そうしたものを常に意識しながらアンテナを張り巡らせておくということなのです。

　あるひとつのニュースやデータを目にしたときに、「それが将来どのように変化するのか」を常に考える癖をつけていれば、何気ない材料を見る目も違ってくるようになります。また、これまでとは違った発想で物事を捉えることができるようになります。「どう変化するのか」を中心にした視点でものを見ることが、将来、大きな花を咲かせる金の卵の発見につながることになるのです。ただ、ボーっと与えられた情報だけを受け入れているようでは、いつまでも変化の兆しを嗅ぎ分けることはできないでしょう。

~第6節~
トレードで後悔しないために 必要なこと

1）参入のタイミングは、必要以上に気にしない

　ファンダメンタルズの変化を予想し、進む道が決まったら、後は相場に参入するだけです。

　ここで、ひとつ問題が生じます。ファンダメンタルズ分析は中長期的な値動きを予想するものなので、いつ相場に参入すれば良いのかは教えてくれないのです。

　もちろん、ここでテクニカルな分析を利用するのも良いと思いますが、あまりこれに囚われ過ぎると、参入の機会をみすみす逃してしまうことにもなりかねません。私は、参入のタイミングに関しては、必要以上に気にしないほうがよいと思っています。（相場が）上がると思ったときが買い、下がると思ったときが売りで十分なのです。

　ファンダメンタルズ・トレーディングの目的は、中長期的に大きな利益を取ることですので、短期的な相場の変動を見極めて売買のタイミングを探ることは、それほど重要ではありません。仮に、少々悪いタイミングで入ったとしても、予想が正しければ十分な利益を得ることができるでしょう。

　強いて言えば、「待ち伏せ戦略」のところで書いたように、ボラティリティー（変動率）が極端に高くなっているときと、一日のうちでも参加者が少ない時間帯は、流動性が低いので避けたほうがよいと思

います。例えば、値動きの激しさに振り回されてしまい、すぐに大き
な損失が出て手仕舞いを迫られるリスクが高くなるからです。逆に言
えば、値動きが比較的安定しているときなら大丈夫です。「ここだ！」
と思ったときに自信を持って参入してください。

２）相場が動いたときには、すでにポジションを持っていること

　ファンダメンタルズ分析によって予想される相場の方向と取るべき
ポジションが決まり、値動きも比較的落ち着いているのであれば、逆
に躊躇(ちゅうちょ)するべきではありません。相場は価格予想をするのが目的では
なく、リスクを取ってポジションを持ち、相場で利益を得ることが目
的なのです。ポジションを持たなければ、いくら相場が思った方向に
動いたとしても利益を得ることはできません。

　私は相場分析や価格予想、あるいはリスク管理など、すべての点に
おいて相場に対しては謙虚になり、常に慎重な姿勢で臨むべきだとは
考えていますが、ポジションを取るときだけは話は別です。慎重のう
えに慎重を期して値動きやリスクを分析するのは当然ですが、その前
提である決定を下したのであれば、それ以上、慎重になるべきではあ
りません。後は当初の計画に従って、粛々とトレーディングを行うべ
きです。
　待ち伏せ戦略では、相場が動き始めたときにポジションを持ってい
なければ、何の意味もありません。動き出してから慌てて相場を追い
かけるやり方は、すでに待ち伏せ戦略ではありません。良い結果を得
ることも難しいでしょう。
　相場において投資家が一番大きなストレスを感じ、冷静な判断がで
きなくなるのは、大きな損失を出したときではなく、大きな利益をみ
すみす取り損ねたときだそうです。こうした状況に陥らないためにも、

「決断したら、躊躇なく行動する」という原則（ルール）は常に心掛けていただきたいと思います。

3）常に再チャレンジできるだけの余裕を持っていよう

　ファンダメンタルズ・トレーディングでは、「6勝4敗なら御の字と考え、まずは勝率5割を目指そう」と書きました。逆に考えれば、半分のトレード、うまくいったとしても残りの4割のトレードでは損失が出ていることになります。損失は小さくとどめるべきではありますが、時にかなり大きな痛手を被ることもあるでしょう。長期的な見通しが正しくても、参入のタイミングを間違えて損切りせざるを得なくなってしまったという話は、実際によくあります。

　その結果、資金が足りなくなり、次のトレードを仕掛けられなくなっては元も子もありません。資金が残っていたとしても、精神的ダメージが大きくて、再チャレンジする気力を失ってしまうようでは、継続的に利益を出し続けることは難しいと思います。

　その点でも資金管理、つまり、「1回のトレードでどの程度リスクを取るのか」の決定は、非常に重要なものになります。資金があり余るほど潤沢にあれば話は別ですが、通常は限られた資金の中で、何とかやりくりしているはずです。私の場合は同じ資金量のトレードで、少なくとも3〜4回は再チャレンジできるだけの余裕は持つように心掛けています。

　ある相場で見通しを立てて、それが正しいとわかったのであれば、仮に最初のトレードではうまくいかなくても、3〜4回仕掛けている間で利益を得ることができるだろうという考えです。逆に4回仕掛けても駄目なときは、見通し自体が間違っていたと考えたほうがよいでしょう。

~第7節~
トレードの前に 明確なシナリオを必ず用意する

　相場を予想するときは、「『タラ、レバ』を常に意識すべき」と書きました。その予想を元にトレードを行うときには、「タラ、レバ」をさらに明確にさせるためにも、複数のシナリオを必ず用意してください。

　シナリオといっても、難しく考える必要はありません。「この材料がこう変化したら、相場は上がるだろう。逆に、こうなれば相場は下がるだろう」の2種類があればそれで十分です。もちろん、それ以上のシナリオをいろいろと考えるのもよいですが、あまり多くなり過ぎると、どれを選べば良いかの選択に悩み、トレードを躊躇してしまうことにもなりかねないので注意が必要です。できるだけシンプルにいきましょう。

　シナリオを立ててトレードを行えば、後はその通りに相場が動いてくれることを祈るばかりです。
　しかし、いつも思い通りに相場が動いてくれるとは限りません。ここで重要なのはシナリオが外れた場合、速やかにポジションを手仕舞いするということです。

　ここでいうシナリオとは、「タラ、レバ」の前の部分である「前提条件」

を意味します。相場見通しが当たった、外れたではありません。相場というのは生き物です。なかなか思い通りになりません。前提条件が外れても、相場が予想した方向に動いてくれることもありますし、逆にシナリオ通りに材料が変化しても、相場が逆に動いてしまって損失を出すこともあります。

　重要なのは、シナリオが当たっているときには、損失が出ていてもできる限り我慢してポジションを持ち続け、シナリオが外れたにもかかわらず利益が出ていた場合は、未練を残さず手仕舞いすることなのです。シナリオが外れた時点で、それは失敗トレードです。仮に利益が出ていても、たまたま運が良かっただけであり、自分の実力ではありません。失敗は失敗と認め、まずはポジションを整理し、改めて出直すべきなのです。

　もちろん、シナリオが当たっているからといって、損失が膨らんでいる中で永遠にポジションを持ち続けるべきではありません。実際に損失が出た場合にどの時点でトレードから撤退するのかは、その人の資金量、取ることのできるリスクの量によって決まってきます。だからこそ、事前にそのルールを決めておき、ルールに基づいて一定の損失が出た時点で、速やかに撤退するべきなのです。こうしたリスク管理の方法は、後ほど説明することにします。

～第8節～
メンタルを
しっかりコントロールする方法
～テクニカルを重視する～

1）ポジションを持っている間は、冷静な判断はできないと考える

　私はファンダメンタルズ・トレーディングを得意としており、自己の相場見通しにも常に自信を持って相場に挑みますが、一方で自分の判断を信用しないときもあります。それは、すでにそのポジションを持っているときです。これはあくまでも個人的な考えというか、経験に基づいた感覚になりますが、一度ポジションを持ってしまえば、どうしても損得を意識してしまい、冷静な判断ができないと考えるからです。

　もちろん、常に冷静さを失わない、タフな精神力を持っている方もいらっしゃるのでしょうが、私はそこまで精神的に強い人間ではありません（長い相場人生の中でずいぶん鍛えられはしましたが）。

　そこで、ポジションを手仕舞う、相場から撤退するという「判断」に関しては、テクニカル指標を使うようにしています。

　具体的には過去の変動率（ボラティリティー）を反映するテクニカル指標と自己のポジションの量から、一定の損切りポイントを算出し、そこまで相場が反対に動いた場合には、ストップオーダー（逆指し値）を使って自動的に手仕舞う手法を取っています。これは利益が出ている場合でも同様で、一番利益の乗ったところから一定の幅で反対に動いた場合には、さっさと利食ってしまいます。

本来なら、当初のシナリオが外れていた、予想が間違っていたと判断した時点で、速やかにポジションを手仕舞うことが理想なのでしょう。でも、トレードを行っているのは生身の人間なのです。大きな損失が出ているときはもちろん、利益が順調に乗っているときでも、やはり冷静な判断は下しにくくなっています。

　私はテクニカルを全面的に否定しているわけではありません。その昔、主なテクニカル指標については、その成り立ちからすべて研究し、売買プログラムを組んで走らせたこともあります。その経験から言うと、現時点で手仕舞いのタイミングを決定するのは、テクニカル指標に基づいた分析が一番機能しているというだけの話です。目的達成のために一番優れている手法を採用するのは、相場で勝ち続けるための当たり前の行動です。

2）一度相場から撤退したら、再参入は一呼吸置いてから

　ポジションを持っている間は、冷静な判断ができないと書きましたが、ポジションを手仕舞ったからといって、すぐに冷静になれるとも限りません。ルールとしてある程度、冷却期間を置くことをお勧めします。損切りポイントまで相場が反対に動いて、撤退させられた途端に流れが反転することもよくある話です。一度や二度失敗したからといっても臆することなく、再挑戦できるだけのガッツを持つことも大事です。しかし、損切りした直後に再参入するのであれば、そもそも、損切りの意味がないと考えます。

　このことは人によって考え方がそれぞれでしょうが、私はポジションを手仕舞ったときには、少なくとも翌日はそのマーケットのことは忘れます。頭の中をリセットすることにしています。それでもまだ自分の予想に自信を持っているのなら、翌々日に再参入しますし、少し状況が変わったなと思ったら、それ以上深追いすることはありません。

～第9節～
絶対にやってはならない、
3つのトレード

　私はファンダメンタルズ分析を中心に置いて、中長期的な視点に立ってトレードをしていますが、他にもトレード手法は星の数ほどあります。中には、「？」と思うような摩訶不思議なトレードもありますし、「本当にこれで利益が出るの？」と疑ってしまいたくなるようなものもありますが、最終的にその人の性格やトレードスタイルに合っていて利益が出ているのならば、どんな手法でも良いと思っています。ファンダメンタルズにこだわる必要はありません。

　ただ、その一方で、「これをやったら破滅への道を歩みますよ」という、明らかにやってはいけない間違った考え方や手法があるのもまた事実です。ファンダメンタルズを軸にしたトレードならば、特に次の3つは行うべきではないでしょう。

◎「……べき」という理由でのトレード
◎「とっておき」の情報によるトレード
◎値ごろ感でのトレード

1）相場はあなたの価値観では動かない

　よく、「この材料がこうなったのだから、将来はこのように相場が動くはずだ」とか、「今の状況を考えれば価格は安過ぎる。すぐにで

も買い戻しが集まってくるべきだ」というような考え方で、相場観を語る人がいます。話を聞いている分には説得力がありますし、思わずそれに乗ってしまいたくなりますが、実際にトレードするときには、"自身の考え"を相場に押し付けるようなトレードは命取りになります。

相場はあなたの価値観や考えに従って、常に動いてくれるわけではありません。あくまでも売り手と買い手のバランスによって、方向性は決定されるのです。「こうなるべきだ」と思っていても、他の多くの参加者が「そのようにならない」と考えているのならば、相場は逆の方向に動きます。予想に自信を持つのは良いことですが、「こうなるべきだ」とあまり強く思い込んでしまうと、冷静かつ客観的に相場を見ることができなくなります。自分の考えに固執するようになってしまうことにもなりかねません。こうなるべきだと考えている人は、大きな損失が出ても、そうなるまで自分を信じてポジションを持ち続けることになるでしょう。

2）「とっておき」の情報は、永遠に取っておくこと

ファンダメンタルズ分析では、情報は命です。相場を大きく動かすような材料を取り損ねているようでは、勝つことなどおぼつかないでしょう。

また一方で、「ここだけの話」として、とっておきの情報を教えてくれる人がいるのも事実です。投資関係のメルマガなどでは、「業界関係者のみが知りえる極秘情報を入手できる」という点を「売り」にしているものもあります。

でも、ここで少し考えてみてください。これだけの情報社会ですから、特別な情報が一般人のあなたのところにだけ流れてくるということはあり得ません。当然、他の同じような立場の人も知っているでし

ょうし、その中の何人かはそれを SNS などで拡散する可能性が極め
て高いと思います。今の世の中、とっておきの情報など、存在しない
のです。あるとすれば、法律違反となるようなインサイダー情報くら
いでしょう。

　仮に百歩譲って、そうした情報があったとしても、本当にここだけ
の情報なら、トレードに活用する必要はありません。ここだけの情報
はいつまでもここだけのとっておきなのであり、他の多くの人が目に
することはないでしょう。他の誰もが知らないのですから、それに値
動きが影響されることもないのです。

　もちろん、そうした情報の中にも正しいものはあるでしょうし、将
来的に世間に知れ渡り、そちらの方向に相場が動いていくこともある
とは思います。でも、右往左往させられてはいけません。

　ここで私が言いたいことは、「必ず、情報は自分の頭で考えて消化し、
トレードに結びつけるかどうかを判断するべきだ」ということなので
す。"とっておき情報"には、妙に説得力があって、魅力的に映るこ
とが多いですから、頭から鵜呑みにしてしまっても無理はないのです
が、それに惑わされてはいけません。他の大多数の人はとっておきの
情報を知らないわけですから、「(とっておきを知らない大多数の人た
ちが) 反対の方向に相場を動かしてしまう」というのが関の山でしょ
う。

3) 売られ過ぎ、買われ過ぎという理由だけでは、トレードしない

　少し相場に慣れてきたころの人はもちろん、ベテランの域に達して
いるような経験者でも陥りやすいのが、値ごろ感によるトレードです。
「ここまで下げたのだから、もうそろそろ買い戻しが入るだろう」と
か、「これだけ一気に値を伸ばしたのだから、いったんは価格調整が

見られるのではないか」といった、アレです。相場をやり始めたころは、そういうことを考えることがなかったのに、ある程度経験を積んで、いろいろな相場を見てくると、こうした考え方が頭を持ち上げてくるようになります。その考えを前提にポジションを取ろうとしがちになります。

テクニカル・トレーディングならば、そうしたテクニカル指標を用いて逆張りすることも立派な手法でしょうし、勝つ確率の高いものなら数をこなせばしっかりと利益を得ることもできるでしょう。

しかし、ファンダメンタルズ分析を用いているときには、この考え方は禁物です。価格の方向性は、あくまでも将来的なファンダメンタルズの変化、次にどのような材料が出てくるのかによって決まるのです。売られ過ぎの状態だとしても、次に出てくる材料がさらに弱気の内容となるなら、底割れが続くことになるでしょうし、逆にいくら割高感が強くても、需給バランスが将来的にさらに引き締め方向に変化するのなら、高値更新を続けることがあっても、不思議ではありません。

もちろん、売られ過ぎ、買われ過ぎの判断も重要で、大きな材料が出尽くしたときや、材料難の状況下では有効に役立ちますが、それだけを根拠としてトレードしないほうが賢明です。ファンダメンタルズも、同時にしっかりと分析するようにしてください。

第**3**章

商品市場別の
ファンダメンタルズ攻略法

~第1節~
原油市場の攻略法
~季節性が出やすい相場~

　原油市場は、意外に季節性向がはっきりしています。

　需要面で注目すべきは冬場の暖房需要と、夏場のガソリン需要です。この2つが大きな軸となって、1年を通じて相場を作っていくことになります。

　供給面では、生産国のカルテルであるOPEC（石油輸出国機構）の生産方針に相場が振り回されることが多いですが、こちらは政治的な色合いが強く、動向も不安定なので、その場その場で対処するしかありません。

　ここでは、需要面の動向を中心に、時間軸に沿って注目点や価格動向を解説していきたいと思います。

1）9月〜10月の傾向
～需要の谷間で価格も低迷しやすいが、ハリケーンに注意～

①レイバーデーの連休で、ガソリン需要も減少に向かう

　米国では9月の第1月曜はレイバーデーの祝日で、3連休となります。この週末をもってドライブシーズンが終わるとされており、ガソリン需要も減少に向かうことになります。製油所は秋の定期点検に入り、ガソリンを夏仕様から冬仕様に変更するための調整を行うほか、

◆原油市場攻略カレンダー

9月〜10月	◎ ドライブシーズン終了によりガソリン需要減少 ◎ ハリケーンに注意
11月〜12月	◎ 冬の暖房需要先取りの動きが見られる ◎ 製油所による原油在庫の取り崩しがある（買い需要） ◎ 年末にかけて在庫減少（＝買い意欲が強まる） ◎ OPEC総会にも注意
1月	◎ 冬暖房需要がピークをつける ◎ 在庫の積み増し　※売りに押されやすい
2月〜3月	◎ 需要の低迷が大きな重石となる一方、夏場の　ガソリン需要の増加を睨んだ買いが入り始める
4月〜5月	◎ ドライブシーズンを控え、ガソリン需要を意識した　上昇が始まる ◎ 5月後半あたりに当面のピークをつけやすい
6月〜7月	◎ 実際に、どれだけ運行距離が延びているか　（ドライブが盛んか）が鍵となる ◎ OPEC総会 にも注意
8月	◎ トレーダー自身もバケーションに入るため、　市場の動きは閑散となる ◎ 薄商いなので、突然の大きなオーダーに注意 ◎ ハリケーンに注意

冬場に備えて暖房油の生産体制を強化するようになります。点検によって、製油の稼働率は低下、原油の消費量も減少、在庫にも積み増し圧力が強まります。北半球が本格的な冬に入り、暖房需要が増加してくるまで、こうした需要の低迷は続き、相場の大きな重石となります。

②ハリケーンの到来には、十分な注意が必要

　需要の低迷期にあるからといって、価格が必ずしも下落するとは限りません。9月というのは、大西洋上のハリケーン活動が、一番活発になるときでもあります。ハリケーンの通り道となっている米メキシコ湾には海上油田があり、メキシコ湾岸には製油所が多く存在しています。発達した大型ハリケーンがそうした施設を直撃すれば、一時的に供給が大幅に減少することになります。この場合には、市場の反応もまちまちで、海上油田が被害を受けて原油の生産が停止すれば、買いが集まる可能性が高いのですが、洪水などによって製油所が長期にわたって閉鎖されるようなことがあれば、ガソリンなどの石油製品の供給不足が生じる一方で、原油の消費は落ち込むという、強弱それぞれの材料が出てくるため、市場の反応も読みにくくなります。値動きも激しくなることが多く、トレードに適した状況とはとても言えなくなります。

　ハリケーンの直撃がなければ需要低迷で軟調に推移、直撃すれば乱高下というのが、基本的なパターンと言えるでしょう。

2）11月〜12月の傾向
〜暖房需要の増加観測が相場を下支え、OPEC総会にも注目〜

①11月に入れば、冬の暖房需要を先取りするようになる

　11月に入ると、冬場の暖房需要の増加を意識する形で徐々に買い

意欲が強まり、下値も堅くなってきます。さすがに11月の間に厳しい寒波に見舞われることはほとんどありませんが、市場はそうした動きを先取りしていきますから、相場が実際に動くのは寒さがピークを迎える1月から2月にかけてよりも、かなり前になることが多いのです。このあたりは肌感覚に支配される部分も大きく、「いつごろから市場が反応するようになるのか」という、具体的なものがあるわけではありませんが、思ったよりも早く動き始めることが多いのは間違いないと思います。

②製油所による、意図的な在庫の取り崩しの影響も大きい

また、この時期は、原油在庫の取り崩しが進み、それを手掛かりに買いが入ってくることが多いことも覚えておくべきです。法人に対しては米国の税法上、その年の利益だけでなく、年末時点での資産も課税の対象となります。製油所の手持ちの在庫は、すべて資産とみなされますから、資産をなるだけ少なくする、つまり在庫を意図的に取り崩すという行為は、税金対策としてはごく自然な行動となります。具体的には、タンカーを沖合に待機させることで輸入を抑制しながら原油在庫を取り崩す一方で、出荷を積極的に行ってガソリンなど石油製品の在庫を減らすという格好となります。

ただし、出荷に関しては、パイプラインの輸送手段の能力や、買い手の事情も影響してきますので、簡単に増やせるわけではありません。軸となるのは、必然的にタンカーを待機させることによる輸入の抑制ということになります。

③年末にかけての上昇は、かなり精度の高いアノマリー

年末にかけて原油の在庫が思った以上のペースで減少し、それにつれて買い意欲が強まるのは、ほぼ毎年のように見られるパターンです。市場に供給が溢れかえり、弱気一色の状況にでもならない限り、年末

にかけての数週間の上昇を狙うというやり方は、かなり精度の高いトレード戦略になるでしょう。

④ OPEC 総会にも注意が必要

　一方、この時期には OPEC が定例総会を開きますので、こちらにも注意が必要です。会合の時期はかなり流動的ですが、最近は 11 月後半から 12 月初めにかけて開かれることが多いようです。

　総会では、暖房需要期の動向を分析したうえで、向こう半年間の生産方針を決定します。こちらのほうはその時々の決定内容次第ですが、相場への影響はやはり無視できません。積極的に減産を行うことがあれば、当然ながら、その後の上昇につながりますし、一方で増産を行ったり、減産量が市場の期待ほど大きくなかったりすれば、総会後には売り圧力が強まることになります。

3) 1 月の傾向
〜在庫の積み増しをきっかけに手仕舞い売りが出やすい〜

　1 月は 1 年を通じて、比較的売りに押されやすい時期だということができるでしょう。理由は 2 つあります。暖房需要がピークをつけることと、在庫の積み増しです。北半球の冬は、通常 1 月の後半から 2 月にかけて寒さが厳しくなりますが、製油所に対する需要がピークをつけるのは、その少し前になります。2 月に入って実際に暖房油やプロパンといった暖房用燃料の消費がもっとも増えるときには、小売レベルではすでに手当てを済ませているため、製油所からの出荷は逆に伸びなくなることが多いのです。マーケットは、常に先々の変化に注目して動きますから、1 月に入ると早々に、暖房需要は出尽くしたというような動きになります。

一方、在庫に関しては、12月のところで説明した税金対策に伴う製油所の意図的な在庫取り崩しの反動によって、原油を中心に積み増し圧力が一気に強まることになります（＝在庫が増えます）。製油所は年末まで沖合に待機させていたタンカーからの輸入を再開する一方、先に述べた理由で出荷のペースが鈍りますから稼働率が低下、原油の消費も減少します。

　このように、それまで引き締め傾向だった需給が一気に弱気に転じますから、在庫に積み増し圧力が掛かるのは当然の流れです。年末まで積極的に買い上げてきたファンドなどの大口の投機筋も、もちろん、こうしたパターンを熟知していますから、ロングポジションの整理を積極的に進めるようになります。年明けすぐにこうした動きが見られることもあれば、しばらく高値圏を維持してから売り圧力が強まることもあります。基本的には、1月半ばから後半にかけては、流れが弱気に傾いてくることが多いと見ておくべきでしょう。

4）2月～3月の傾向
～需要の低迷が続く中、相場は底値を摸索～

　2月から3月にかけては北半球で気温が徐々に上昇、暖房燃料の消費が減少する中で、需要の低迷が大きな重石となる状況が続きます。米国では製油所が夏のガソリン需要に対応すべく、春の定期点検に入ることから稼働率が低下します。製油所における消費が鈍る中で、原油在庫はさらに積み増し圧力が強まることになります。

　しかし、こうした状況下でも、以下のような理由から意外に相場が底堅く推移することが多いのも事実です。

◎製油所稼動率の低下によって石油製品の生産が減少するため、原油

とは反対に、石油製品在庫は全体的に取り崩し傾向が強まる（＝在庫が減る）

◎季節外れの寒波によって、暖房油などに局地的な供給不足に対する不安が高まりやすくなる

◎夏場のガソリン需要の増加を睨んだ投機的な買いが、下落局面で積極的に入ってくるようになる

　相場としては値動きが不安定になることが多く、トレードするには難しい状況が続くかもしれませんが、ここでうまく底値を拾うことができれば、夏に向けてのガソリン主導の上昇局面にも乗りやすくなります。その意味では、チャンスがいたるところに転がっている時期という見方もできるでしょう。

5）4月〜5月の傾向
〜夏場のドライブシーズン到来を前に、ガソリン主導で上昇しやすい〜

　4月に入ると冬場の暖房需要もほぼ一巡、市場の注目は本格的に夏場のガソリン需要に向かうことになります。米国のドライブシーズンは、5月最終月曜のメモリアル・デーの週末から始まりますが、ガソリンスタンドなどの小売業者はその前から手当てを進めますから、製油所に対するガソリン需要はそのかなり前から増加するようになります。市場はそうした変化をさらに先取りして動き始めますから、「夏場のガソリン需要を意識した上昇は、早ければ4月には見られるようになる」というわけです。

　この時期は「夏場にガソリン需要がどの程度増えるのか」が、相場を左右することになりますから、市場では景気動向にも注目が集まりやすくなります。景気が良ければ人々の収入も増加、金銭的にも余裕

が生まれる中で旅行をする回数も多くなります。それにつれてガソリン需要も増加するという理屈です。経済指標や株価の動向に対しても、他の時期より敏感に反応することが多くなりますので、注意が必要です。

　また、ガソリン需要が増加するのにつれ、5月後半あたりに相場も当面の高値をつけることが多いということについても、覚えておく必要があるでしょう。もちろん、ドライブシーズンはメモリアル・デー以降が本番であり、7月4日の米独立記念日から8月にかけてが、自動車の走行距離も、小売レベルでのガソリン消費も一番多くなる時期ですから、状況次第では6月以降も相場が高止まりすることも十分にあり得ます。

　その一方で、ガソリンの消費が思ったほど伸びないとなれば、早々とポジション整理の売り圧力が強まることも多いのです。5月後半にガソリン主導の上昇はひとまずピークをつけ、その後は実際のガソリンの消費動向を見ながらの展開になるといったところでしょうか。

6）6月～7月の傾向
～足元のガソリン消費の好調さが大きな鍵、株価にも反応しやすい～

　製油所に対するガソリンの需要は5月後半にひとまずピークをつけますから、本格的なドライブシーズンに入る6月以降は、「実際に自動車の走行距離がどの程度延びて小売レベルでのガソリンの消費が増加するのか」という、足元の需要動向が値動きの鍵を握ることになります。

　人々が活発に旅行やドライブをするようになり、ガソリンがより多く消費されるようになれば、相場も堅調な流れを維持することになるでしょう。

一方で、景気がそれほど良くなかったり、悪天候が続いたりしてドライブの回数が減れば消費も伸びず、市場では失望売りが出てきやすくなります。

　実際のドライブに関して、速報性のあるデータはありません。状況をリアルタイムに近い形で把握することは難しいですから、市場ではGDPや個人消費、小売売上高や鉱工業生産指数などといった経済指標などから景気動向を判断し、マクロ的にガソリン需要が好調かどうかを推定することになります。株価の動向にも左右されることが多くなります。6月は、比較的、株価に調整圧力が強まる傾向が強いことにも注意が必要でしょう。

　また6月には、OPECが定例総会を開きます。それに向けて何らかの動きが出てくることも考えられます。ただ、12月の総会に比べると、相場に大きな影響を及ぼすほどの合意がなされる可能性はやや低いという印象があります。そのときの状況に大きく左右される政治的なイベントですので、「この場合には、こうなる」といったことはなかなか言いにくいですが、会合前の加盟国担当閣僚の発言に市場が振り回されることも多いので、やはり注意が必要でしょう。

7）8月の傾向
〜バケーションで参加者も減少、相対的に動きも鈍くなる〜

　8月に入ると、トレーダーの多くがバケーションを取るようになりますから、取引も徐々に閑散としてきます。値動き自体も動意が薄くなることが多いものの、商いの薄い中で何かをきっかけにまとまったオーダーが入れば、思った以上に大きく値が振れることもありますから、トレードには十分な注意が必要です。

　中盤以降は大西洋上のハリケーン活動も徐々に活発になってきま

す。そのあたりを意識した動きが出てくることもあり得るでしょう。通常、ハリケーンの活動が本格化するのは9月に入ってからですが、早い時期からハリケーンの発生が多くなったり、メキシコ湾の生産施設を直撃する進路を取るものが出てきたりすれば、供給不安が高まる中でまとまった買いが入ることも十分に考えられます。

～第2節～
金市場の攻略法
～現物市場の需給バランスの影響を受けないことが基本～

　金市場は、原油や農産物といったほかの商品市場のように、値動きに季節的な性向はほとんどありません。現物市場における需要と供給のバランスに影響を受けることもなく、投機資金の動向が基本的に相場を主導します。金利市場や為替市場、株式市場などの影響を受けることも多く、材料もこうした市場と重なる部分が大きいということができるでしょう。

　このような特徴を持つ市場ですから、他の商品市場のように"季節的な値動きの傾向"を利用して戦略を立てるようなことはできません。その時々の景気動向や中銀の金融政策などの経済的なファンダメンタルズをうまく消化して、機動的かつ柔軟に取引戦略を組み立てていくことが必要になります。

　ここでは、金市場の主な変動要因と、その対処方法を中心に話を進めていきたいと思います。

1）金利の動向には大きな影響を受けやすい

　金市場は金利の上昇が苦手です。他にいくら強気の条件が揃っていても、金利がしっかりと上昇する局面では、たいていの場合、売りに押され値を下げてしまいます。「金は金利を生まない資産なので、金利の上昇局面では投資対象としての魅力が後退してしまう……」とい

◆金価格を決定づけるもの

　金（ゴールド）市場を語るとき、金利の動向は欠かせない。また、市場に不安があるときに安全資産として買われる傾向も見逃せない（例えば、新型肺炎発生時の金の動きなど）。貴金属として金の価値も考えられるが、その影響度は軽微である。

　例えば、金価格が上がっているとき、「何が原因で上がっているのか」を知るのは、誰にとっても難しいものだが、あくまでも基本的な考え方として、「何か不安感があるときには、安全資産としての金が買われやすい」と覚えておくとよい。

うのは、金利上昇局面で金が値を下げる理由としてよく出てくる説明です。これはこれで確かに正解ですが、金市場の特徴を掴み、トレードに活用するという点で見れば、理解が不十分だと言わざるを得ません。

　金利を生まないというのは、何も金だけに限ったものではありません。原油やコーンなどの農産物も金利を生むことはありません。株式の場合も、配当こそ出るものの、取引口座にいくら大量の株式を保有していても、それに対して金利が支払われることはないのです。他の商品市場や株式市場にとっても、基本的に金利の上昇は弱気材料となりますが、金以外の市場ではこうした説明を聞くことはありません。一体、どうしてなのでしょう。

　答えは簡単です。金市場は金利の動向以外に、絶対的な相場の変動要因を持ち合わせていないからです。例えば、他の商品市場で足元の需給バランスが極端な供給不足に陥り、買い一色の展開となっているとします。このとき、金利が上昇しているからといって、それを手掛かりに売りを仕掛ける向きはほとんどいないでしょう。

　金の一番の特徴は、金利を産まない資産ということではなく、金現物の需給バランスが値動きに反映されにくい商品だというところにあるのです。

2）インドの宝飾品需要の増加で、相場は上がるのか

　もちろん、このことに対しては異論も大いにあるでしょう。例えば、宝飾品などの金の消費量が世界一のインドでは、毎年、秋の祭礼シーズンの前に需要が高まります。贈答目的などで、人々が金製品を買い求めることが多くなるからです。こうした傾向をトレーダーたちは皆わかっていますから、祭礼シーズンの前には買いを仕掛ける向きも出

てくると思います。また需要の増加によって、インド国内の現物価格は上昇しますから、ヘッジ目的や裁定の機会を求めた買いが先物市場に入ってくることも、十分にあり得るでしょう。

こうした状況下で金利が上昇したとき、「一体、市場はどちらをより大きく材料視して動くのか」と問われれば、やはり金利の動向です。相場は下がる可能性が高いと答えることになるでしょう。やや中長期的な時間軸で相場を見るなら、こうした傾向がさらに強まることになると思います。

3）現物市場の需給は、やはり相場に反映されにくい

秋の祭礼シーズンには、インドで現物の金に対する需要が強まるのは確かですし、それにつれて買いが集まってくるのも間違いないとは思うのですが、そうした需要は金市場全体で見れば相対的に小さく、投機資金の影響のほうがはるかに大きいというのが実際のところです。金利の上昇を見て投機的な売りが出てくれば、たちまちその動きに押し戻されてしまうでしょう。

また、金現物の需給に関するデータが、あまりにも少ないというのも問題です。金の業界機関であるワールド・ゴールド・カウンシルは、四半期に一度、金現物の需給に関する見通しを発表してはいますが、この間隔では日々のトレードに使うことは難しいのが実際のところです。

石油市場ならば、週に1回、米エネルギー省から在庫統計が出ます。また、月に1回は、国際エネルギー機関やOPECから、需給見通しを詳細に記した月報が発表されます。

コーンや大豆といった農産物も、月に1回、米農務省（USDA）が

需給見通しを、週に1回は輸出の成約動向を示すレポートを出しています。

　経済指標も、基本的には月に1回発表されます。

　もちろん金に関しても、細かいデータを取っているところはあると思いますが、広く市場に認知され、インパクトを与えるようなデータの発表があるのかと問われれば、「あったとしても少ない」というのが現状でしょう。

　「投機資金の規模が金現物市場に比べてはるかに大きいこと」と「金現物の需給に関するデータが少な過ぎること」という2点が災いして、"現物市場の需給が金相場に反映されない状況"になっているのです。

4）安全資産としての需要という、不安定でやっかいな材料

　もうひとつ、金市場を見るうえで忘れてはならないのが、安全資産としての需要です。取引対象としての金の歴史は古く、昔から毀損されることのない資産価値として見られてきました。企業が倒産すると株式の価値はゼロになりますし、現金でさえも極端なインフレの前には無力で、その価値が急速に失われていきますが、そうした状況下においても金はあくまでも金、いつまでも光り輝き、価値も目減りすることはありません。

　したがって、地政学リスク（戦争勃発など）が高まったときや、株価が大幅に下落したとき、どこかの国で政治的混乱が生じたとき、財政破綻が起こりそうなときなど、市場の不安が高まって投資家が自己防衛的な行動に出ようとするときには、安全資産としての金に資金を移動させる動きが強まることになります。

　我々はよく、リスク・オン、リスク・オフという言葉を使います。物事が万事うまくいって株価も上昇、人々が皆楽観的になって大きな

リスクを取ろうとするリスク・オンの状況下では、金に対して見向きもしなかった向きも、すべてが悪いほう、悪いほうへと動き、市場の不安が高まるリスク・オフの展開時には、資金の逃避先として金市場を選択することになるでしょう。

こうした状況下では、市場全体が混乱状態に陥ることが多く、値動きも荒っぽく、激しいものとなります。短期間に大きく値を伸ばすような展開が見られても、何ら不思議ではありません。

5）リスク・オフの動きで値動きは魅力的になるが、予測は困難に

安全資産としての需要が高まるときには、値動きも激しくなりますから、トレーダーにとってこれほど魅力的な相場はありません。

ただ、「リスク・オフの状況はいつ起こるのか」を予想するのは困難で、さらには、ある日突然解消されてしまうことも多いという問題もあります。非常に不安定なものなのです。

市場の不安が高まりそうな方向に状況が変化するときは、何となく事前にわかることも多いのですが、心理的な部分に左右されることもまた多いので、深刻な事態が発生したとしても、市場がまったく反応しないこともあります。そうかと思えば、状況にまったく変化がないにもかかわらず、突然、市場が騒ぎ出すこともあります。うまくタイミングを捉えてトレードできれば、十分な利益と満足を得ることができる一方、取り扱いが非常に難しい〝じゃじゃ馬のような相場〟だと理解しておくべきでしょう。

6）インフレヘッジとしての金に対する需要は、復活するか

金相場のファンダメンタルズを見るうえで、やはり忘れてはならないのが、インフレヘッジとしての需要です。ここ数年は主要国で物価

が低迷、モノの価格が徐々に下がっていくデフレや、一向に物価が上がってこないディスインフレの影響を懸念することがほとんどだったこともあり、インフレヘッジとしての金に対する需要は、注目を集めることもほとんどなくなっています。最近トレードを始めた方の中には、そういう需要があることすら知らないのではないかと思います。

　もっとも、主要国の中央銀行が極端な緩和策をとり続けたことで、市場に資金がジャブジャブ供給されているだけに、インフレ圧力が高まる可能性をまったく排除するわけにはいかない、というのが実際のところです。

　インフレ圧力が高まってくれば、手持ちの現金は急速に価値を失っていきます。行き過ぎたインフレはいずれ景気にも悪影響を及ぼしますし、中銀が物価を抑えるために積極的に利上げを進めれば金利も上昇します。株式市場に対しての大きな重石となるでしょう。

　このように急速なインフレは、市場から歓迎されるものではありません。インフレの悪影響から資金を守るためにも、投資家はインフレに強いとされる投資対象を摸索することになります。その一番手はやはり金市場ということになります。

　金はいつまでたっても金、どのような状況下でもその価値が変わることはありません。強いインフレの下でもインフレヘッジとしての需要から資金の流入が加速すれば価格も上昇、資産の毀損を防いでくれることになります。

　金利の上昇は、金にとって一番の弱気材料だと初めに書きましたが、インフレ圧力が本格的に高まってくれば話は別です。金利が大きく上昇する中でも、しっかりと値を伸ばす展開が見られることになるでしょう。

7）市場が何に注目しているのかを、見極めることが重要

　このように金市場は、現物市場の需給バランスという絶対的な材料がない分、他市場の値動きも含めたさまざまな要因を背景に、相場を形成していくことになります。このような状況の中でも、金利の上昇が大きな売り材料となるのは確かですが、それすらをもインフレヘッジとした需要や安全資産としての需要が高まる中では、必ず売りを呼び込むわけではありません。

　金市場でトレードするときには、まずは変動要因を頭に入れたうえで、「市場がこの先、どのような材料に注目するようになるのか」を、見極める目が大切になります。

　金利動向なのか。ドルの値動きなのか。安全資産としての需要が手掛かりとなるのか。インフレの高まりが懸念されるのか。はたまた、インドや中国の現物に対する需要の高まりが下支えとなるのか。

　多くの選択肢がある中で、市場の注目が集まる材料を正確に見通すことができれば、8割方は相場に勝ったといえるのではないでしょうか。

　もちろん、次の材料を探り当てるのは、機関投資家などのプロの投資家にとっても、簡単なことではありませんが、一般の投資家にとっても絶対不可能というわけでもありません。

　そのためには、アンテナを常に張り巡らせ、金融市場も含めて材料を幅広く収集し、今のトレンドを見つける努力が必要になることは言うまでもないでしょう。

コーン・大豆市場の攻略法

～天候がすべてながらも
タイミングは捉えやすい～

　コーン・大豆市場には、作付けから収穫に至るまでの大きなサイクルがあります。当然ながら、季節性向もはっきりと出る相場です。生産地の天候や生育状況次第で、需給見通しもガラリと変わってしまう激しさもありますが、そうした変化のタイミングは比較的捉えやすいのも事実です。天候だけは神様の知るところ、いくら予想しても当たるものではありませんが、「そういうものなのだ」という前提でトレードを進めれば、痛い目に遭うことも少なくなるでしょう。

　本節では、原油市場同様、時間軸に沿って注目点や価格動向を解説していきたいと思います。

1）3月の傾向
～月末の作付意向調査に注目、新たな1年が始まる～

　コーンや大豆相場の1年は、3月から始まります。栽培のサイクルから見れば、作付け（播種）が始まる4月ということになりますが、相場は常に先を読んで動くものです。新年度の生産動向を睨んで、相場はすでに3月から動き始めているのです。

　毎年3月の最終営業日には、米農務省（USDA）から3月1日時点での作付意向調査が発表されます。これは、USDAが農家に対して

◆コーン・大豆市場攻略カレンダー

3月	◎ S-C比に注目。基本的には、この数値が高いと大豆に有利、低いとコーンに有利。S-C比が2.00台後半まで高くなると、大豆を栽培したほうが有利とされているが、実際はケース・バイ・ケース
4月〜5月半ば	◎ 長雨（特にコーン）と低温に注意。作付け作業の進捗に影響する ◎ 作付け作業の遅れは基本的には強気だが、大豆の場合は、弱気に転じることもある
5月〜6月後半	◎ 供給不安が後退するにつれて売り圧力が強まることが多い時期 ◎ そのときどきの天候に左右される
6月末〜7月半ば	◎ 受粉期が始まる。夏の天候相場 ◎ 高温乾燥が続くと、市場が敏感に反応する（買い）
7月〜9月初め	◎ 受粉期が終了。降雨予報をきっかけにポジション整理の売りが始まる ◎ ただし、大豆の場合は天候相場の延長戦もある
9月〜10月前半	◎「収穫作業が順調に進むのか」に注目が集まる ◎ 好天に恵まれている場合、売り圧力が強まる ◎ 悪天候の場合、買いが集まりやすくなる ◎ USDAのレポートにも引き続き注目
11月〜12月	◎ 11月に入れば収穫作業もほぼ終了、輸出などの需要面の材料に注目が集まる ◎ 収穫期の売りも、大方が出尽くしとなり、ポジション整理の買い戻しが集まる ◎ 南米の生産国の生育状況に注意
1月〜2月	◎「2月の安値」に注意（特にコーン）

行う「今年は何を栽培する予定なのか」という聞き取り調査の結果を
まとめたものです。コーンや大豆の生産高は、どのくらいの広さの土
地で栽培を行い（作付面積）、その土地で単位面積当たりどの程度の
収穫が見込めるのか（単収、英語ではイールド）の2つによって決定
されます。単収は生育期間中の天候に大きく影響されますが、作付面
積は栽培が始まってしまえば大きく変化することはないので、その年
の生産動向の大まかな流れを作る基になります。作付けが大幅に増え
れば、干ばつなどによってよほどの不作とならない限り生産は増加し
ますし、反対に作付けが減少するのなら、生育状況にかかわらず需給
は逼迫気味と見ておいたほうがよいでしょう。

　この時期に注目を集めるのが、大豆価格をコーン価格で割った「S-C
比（Soybean to Corn Price Ratio）」と呼ばれる数字です。S-C 比は
ここ数年、2.00 台の後半を中心に推移しています。この数値が高いと
大豆の栽培が有利になり、低いとコーンの栽培が有利になります。数
値が高いと大豆の作付けが、数値が低いとコーンの作付けが増加する
とされています。

　米中西部の主要生産州の農家は、毎年春先には、自分の農地でコー
ンと大豆のどちらを栽培するのかの決断を迫られます。もちろん、栽
培する農産物は他にもあり、南部の地域では綿花、北部の地域では春
小麦が競合の対象になりますが、基本的にはコーンと大豆の二者択一
と考えておいて問題ないでしょう。
　農家はS-C 比を睨みながら、「今年は、大豆とコーンのどちらを栽
培するほうが収入を多く見込めるのか」を検討します。一般的には、
S-C 比が2.00 台後半まで高くなると、大豆を栽培したほうがよいとさ
れていますが、実際には肥料価格や農地の状態など、多くの要素を考
慮に入れて決定しますので、一概に言うことができません。

特に、コーンの場合は、より多くの肥料を必要とするだけでなく、2年、3年と連続して栽培すると土地が疲弊し、単収が低下するとされていますから注意が必要です。いくらS-C比が低くてコーン栽培が有利な状況でも、土地の疲弊を避けるために大豆の栽培を選択する農家も出てきます。前年まで連続してコーンが大豊作だったようなケースでは、こうした傾向も考慮する必要があると思います。

2）4月〜5月半ばの傾向
〜生産地の天候や作付けの進捗状況を睨んで、一喜一憂の展開〜

　4月に入ると、実際に作付け作業が開始されます。コーンの場合は、温暖な南部の州はもちろん、イリノイ州やアイオワ州といった主要生産州でも4月の半ばには始まります。5月の半ばには、北部の州を除いて作業も一巡、すでに発芽も始まっています。大豆はコーンよりも、2週間ほど遅れる形で作業が進んでいきます。

　この時期に一番気をつけなければいけないことは、「悪天候が続くこと」と「気温の低下」です。それぞれ解説します。

①雨が続けば、作付け作業に遅れが生じる

　雨が続くと農地がぬかるんでしまい、農機が入れなくなるので作業が思うように進みません。作付け作業の遅れはコーンにとっては特に深刻な問題になります。生育に一番重要な開花がその分だけ後ろにずれ込んでしまうと夏の暑さのピークに重なってしまい、単収（イールド）に大きな影響を及ぼすリスクが高まるからです。開花は通常6月の後半あたりから始まりますが、作付けが2週間遅れると、7月前半の一番暑い時期に当たってしまうというわけです。作付けから開花までの時期を早めたり遅くしたりすることはできませんから、「作付け

をいつ行うのか」は非常に重要な意味を持ってくるのです。

　一方、大豆の場合は、開花が比較的長い期間にわたって行われます
から、少々暑い日が続いても何とかしのげる可能性も高いです。コー
ンほどには懸念も高まりません。

　ただ、最近は技術が発達したおかげで、作付けの遅れが以前ほど懸
念材料視されなくなってきました。農地がぬかるむと農機が入れない
ことに変わりはありませんが、作業ができる状況になったときには、
そのスピードが格段に高まったのです。今はGPSなどを利用して、
夜中でも作付機が無人で作業を行ってくれます。天候さえ回復すれば、
作業の少々の遅れならすぐに取り戻せるのです。

　基本的に作付けに関しては、「作業が始まるまでに十分な降雨があ
り、さらには下層土（Sub-Soil）にも十分な水分が行き渡った状態と
なったあとで、いざ播種が始まれば好天が続いて作業が順調に進み、
気温も上昇して発芽もスムーズに進む」というのが、あくまでも理想
です。

　反対に、冬の間に乾燥が続いて下層土の水分量が低下し、播種が始
まったあとで降雨が続いて表土がぬかるみ、農機が入れずに作業が停
滞、さらには気温も上昇せず、発芽も進まないという事態は最悪の状
況ということができるでしょう。

　なお、作付けが終わった農地でも、その後に大雨が降って洪水が発
生すれば、種子が洗い流されてしまいますから、作付けのやり直しを
余儀なくされます。この点には注意が必要です。

　作付けが行われているこの時期は、降雨が生育の妨げになって強気
材料視される、数少ない期間だと言えるでしょう。

②低温による生育の遅れは、取り戻すのが難しい

　一方で、気温低下の影響は、多雨よりも深刻です。予定通りに播種
を終えても、気温があまり上昇しなければ種子もなかなか発芽してく

れません。他の条件にもよりますが、コーンは、一般的には土中の温度が7℃以下では発芽しないとされています。大豆の場合はもう少し条件は緩いですが、低温の下では発芽が順調に進まないことには変わりありません。

③作付け作業が遅れると、大豆には弱気に作用することも

作付け作業の遅れは、基本的に相場にとって強気材料となりますが、条件次第（後述）では大豆の作付けが増加することもあるので注意が必要です。コーンは作付けを行うことができる期間が短く、あまりにも作業に遅れが生じれば、作付け自体を放棄せざるを得なくなることもあります。

それに対し、大豆は作付けが可能な時期にもある程度の幅があり、少々作業が遅れても何とかなるという特徴があります。

このため、作業が大幅に遅れた場合、コーンをあきらめて大豆栽培に切り替える農家が増える可能性があるのです。実際には、種子の調達の関係もありますので、口で言うほど簡単に転作を進めることはできませんが、実際に行われればコーンの生産が減って大豆が増えることになりますから、コーンを買って大豆を売るという動きが強まることも考えられます。

このほか、大豆とコーンの価格比であるS-C比を最後の最後まで見極めて、作付方針を決定しようとする農家もいますから、両者の価格比が極端な水準にまで振れるようなことがあれば、最後の最後で作付動向に影響を及ぼすことも考えられます。3月末に発表されるUSDA作付意向調査は、あくまでも3月1日時点での計画を聞き取り調査したものです。その後、農家が方針を変えることがあっても、何ら不思議ではないのです。

3）5月後半～6月後半の傾向
～作付け作業が一段落し、売り圧力が強まることが多い～

　5月も後半になると作付け作業もほぼ一巡、進捗状況なども徐々に
注目を集めなくなってきます。生産地でも、まだ干ばつに対する懸念
が浮上するほどに気温が上昇するわけではありません。供給不安が後
退するにつれて売り圧力が強まることが多い時期だと考えておくべき
でしょう。

　特に、悪天候による作付け作業の遅れが大きく懸念材料視された年
は要注意です。それまで積極的に買い進まれていた相場が、一気に反
転してしまう可能性もあるからです。最終的に作付けをあきらめざる
を得なくなったり、その後の生育に深刻な影響を及ぼすような問題が
生じれば話は別ですが、ほとんどの場合は「遅れながらも何とか作付
けを終えることができました」という形になります。特に最近は農業
技術の発達によって、天候が回復しさえすれば一気に遅れを取り戻せ
るようになっていますから、その傾向もさらに強まっているのではな
いでしょうか。作付けに遅れを生じさせた大雨は、土壌水分を潤沢に
しますから、作付けさえ終われば生育は順調になる可能性が高いので
す。

　一方、全体的に雨が少なく、土壌水分量の低下に対する懸念がある
年は、この時期から早々と乾燥による作柄の悪化を材料視する動きが
出てくることも考えられます。通常であれば深刻な状況に陥ることは
ないと見ておいてよいのですが、天候だけは神のみぞ知るところ、夏
の天候相場期に入ったかのような急騰が見られることがあっても、何
ら不思議ではありません。

4）6月末～7月半ばの傾向
～夏の天候相場期に突入、天気予報に一喜一憂し乱高下～

　6月末からは受粉が始まり、いよいよ夏の天候相場期に入ってきます。コーンの生育にとって一番重要とされるシルキング（受粉）は、通常、主要生産地では6月末あたりから始まります。大豆の開花も少し遅れて始まります。

　この時期に高温乾燥気候が続くと、単収（イールド）が低下、生産が大幅に落ち込む恐れが高まります。当然ながら、すべての年で高温乾燥に見舞われるわけではないのですが、この時期はどのような冷夏の年でも1回や2回は気温が上昇するものです。市場がそうした予報に対して敏感に反応、とにかく買いを入れておけという雰囲気になります。

　シカゴ市場では、「毎年7月4日の独立記念日の休み明けの市場は、大きく上昇する可能性が高い」というアノマリーが有名になっています。この時期の天候を考えれば、当たり前の動きということができるでしょう。

　もちろん、高温乾燥が続いたからといって、常に生産が大幅に落ち込むわけではありませんが、まだまだ先の見通しが見えない時期、この先、さらに干ばつがひどくなる可能性があるというだけでも、市場の不安は高まります。その不安を解消するためにも、とにかく買いを入れるしかないという状況下で、例えば「2日連続してストップ高」になったとしても、何ら不思議ではないと見ておくべきです。

5）7月後半〜9月初めの傾向
〜受粉期が終了、生育状況を確認しながら落ち着きどころを探る〜

　夏の受粉期に高温乾燥気候が強まれば、相場はびっくりするような急騰を見せますが、仮に乾燥の影響でその年の生産が最終的に大きく落ち込んだとしても、相場が7月の急騰の勢いを最後まで維持することはありません。受粉期が終わり、これ以上天候に大きく左右されない時期になれば、いったんはポジション整理の売りに大きく押し戻されることになります。上昇基調は長く続いても2週間ほどです。どこかのタイミングで降雨予報が出て、それをきっかけに売りが膨らむといったパターンで終了することがほとんどです。

　ただ、大豆はコーンに比べて開花の期間が長く、8月に入ってからでも気温が上昇すれば、単収（イールド）が低下する可能性が高まりますので、天候相場の延長戦があるかもしれません。

　7月前半を中心に天候相場で大きく上昇、その後、反動で大幅な価格調整が見られた後は、いよいよ実際の生育状況や生産見通しを念頭に置いた相場展開が始まります。米農務省（USDA）は毎月10日前後に月例の需給報告を発表します。7月までは過去の傾向に基づいたイールド見通しを発表しますが、8月のレポートからは現地調査に基づいたイールドの見通しを発表するようになります。これによって、その年度の期末在庫がより具体的な数字となって把握できるようになります。相場が足元の需給見通しに見合った水準にあるかが検証される中で、調整の動きが強くなってきます。

　また、毎年8月後半には、農業情報誌などが主催するクロップツアーが行われます。これは主要生産州の農地の状況を、2組に分かれたキャラバン隊が約1週間かけて調査、独自の生産やイールド見通しを発表するものです。市場からも大きな注目を集めます。

このころになっても、生産地の天候に対して市場が反応することは
ありますが、その反応自体は天候相場期に比べるとはるかに小さく、
短期間で終わってしまうことが多いと思います。それよりも 現地調
査に基づく生産見通しが、より大きく材料視されるようになってくる
のです。

　現地調査に基づいた生産見通しの発表が一巡すると、後は収穫を待
つばかりという状況になります。

6）9月後半〜10月末の傾向
〜収穫が本格化する中、生産地の天候にも再び注目が集まる〜

　9月も10日を過ぎると、いよいよ収穫が本格化してきます。それ
までに生産見通しはある程度固まっていますが、ここから先は「収穫
作業が順調に進むのか」が大きな鍵を握るようになるため、生産地の
天候に再び大きな注目が集まります。

①収穫期は、好天に恵まれるのが一番
　収穫期に関して言えば、天候は良いに越したことはありません。好
天に恵まれて作業が順調に進むのが一番です。通常、この時期は、生
産者を中心に収穫期の売り圧力（Harvest Pressure）が強まってきま
す。この傾向は、作業が順調に進む限り後退することはなく、徐々に
相場の重石となってきます。

　一方、悪天候が続き、気温が早々と低下してくるなら、さまざまな
問題が生じるようになりますから、買いが集まってきやすくなります。
悪天候は収穫作業の遅れにつながります。さらにその遅れが気温の低
下などの新たな問題を引き起こすという悪循環に陥ります。

　コーンの場合なら、早霜による作柄の悪化や、降雨が続くことによ

って収穫したクロップの乾燥が進まないという問題が考えられます。早い時期から降雪が見られるようなことがあれば、最悪の場合は収穫を放棄せざるを得なくなることもあります。

　大豆の場合にも、収穫の遅れや、虫害や病害のリスクが高まることに注意が必要でしょう。

　大豆も作付期と同様、最終的に何とか収穫を終えることができれば、需給に大きな影響を及ぼすほどの生産落ち込みにつながることはないのですが、天候が悪化するとなれば、やはり買いは集まってくるものなのです。

② USDA のレポートにも引き続き注意が必要

　作業が進むにつれて、「収穫してみれば思った以上に作柄は良好だった」とか、「期待ほどは良くなかった」ということがわかってきますから、9月や10月の USDA のレポートにも引き続き注意が必要です。8月のレポートから、9月、10月とイールドや生産見通しが引き上げられる年は、年明けあたりまで売り圧力が強い状況が続く可能性が高いとされています。

　逆に、見通しが引き下げられる年には、収穫期の売りが一巡する11月前半あたりからポジション整理の買い戻しが加速、一気に相場を押し上げる展開が見られることもあります。

7）11月〜12月の傾向
〜収穫期の売り一巡、需要動向次第では買い戻しが集まりやすい〜

　11月に入れば収穫作業もほぼ終了し、輸出などの需要面の材料に注目が移っていくようになります。生産者を中心とした収穫期の売りも、大方が出尽くしとなっていますから、ポジション整理の買い戻しが集

まることも多いと考えておくべきでしょう。収穫が終わったばかりで供給は潤沢にありますから、輸出の成約も次々進んでいく場合が多く、輸出の好調さが買いを呼び込む展開になることも多いと思います。

ただ、ブラジルやアルゼンチンなど、南米の生産国の生育状況には注意が必要です。特に、大豆はブラジルの生産量が米国と肩を並べるまでに増えてきています。南米の動向が相場に影響することも多くなってきました。生産地で高温乾燥が続くようならば、これらの国で生産が落ち込む可能性が高まり、その分、競争力の高まった米国の輸出が増加するとの見通しが、強気に作用することになるでしょう。

また、11月第4木曜には感謝祭の休日、12月にはクリスマスという大きな休みを控えていることも、ポジション整理の動きを後押しすることになります。需給見通しがよほど弱気に傾いていない限り、この時期は相場が上昇することが多いと見てよいでしょう。

8）1月〜2月の傾向
〜「2月の安値（February Low）」をつけるまでは、油断禁物〜

年が明けると、その年度の収穫状況次第では、再び供給面の材料に注目が集まる可能性があります。毎年1月の10日前後には、USDAが年次の生産推定を発表します。通常、この時期に大きな変化が見られることはないとされているのですが、サプライズがまったくないわけではありません。

生産見通しが改められて引き上げられる一方、南米でも天候に恵まれ生育が順調、米国の輸出もやや低迷気味という格好になれば、改めて売り圧力が強まることも十分に考えられます。特に、コーンは「2月の安値（February Low）」と言って、2月にその年の安値をつけることが多いとされています。南米の生産動向に対する市場の注目度

が高まるにつれ、その傾向がかなり薄れてきたことは確かですが、南米の生育が順調（南米の天気予報や、ブラジルやアルゼンチンの農務省、取引所などのデータの発表などでわかる）ならば、やはり「２月の安値」をつける可能性は高いと見ておいたほうがよいでしょう。その後、市場の注目は翌年度の作付動向に移っていくようになり、また新たな１年が始まるのです。

小麦市場の攻略法
～コーンと同じ穀物ながら、ファンダメンタルズはまったく別物～

　小麦相場は、コーンと同じ、CME グループのシカゴ・ボード・オブ・トレード（CBOT）に上場されていることから、同じような値動きをすると思われている方も多いと思いますが、そのファンダメンタルズの成り立ちは大きく違っています。もちろん、同じ穀物ということや、どちらも主食としての役割が大きいことから、連動することも多いのですが、基本的にはまったく別の相場と考えておいたほうがよいでしょう。

　小麦は、米国以外にも、世界各地で生産されています。米国の生産が世界全体に占める割合は、6％前後にとどまっています。米国よりも生産量が多い国としては、欧州（西欧）や中国、インド、ロシアなどが挙げられますし、東欧やカナダ、アルゼンチン、豪州などでも生産されています。輸出に至っては、米国のシェアは世界の5％以下、ここ数年は安価な欧州やロシア産などに押され、輸出の低迷が相場下落の要因となることが多くなっています。ブラジルと1、2位を争う大豆の生産は、世界全体の30％以上、米国が生産世界1位のコーンの輸出は世界全体の40％近くを占めていますから、当然ながら、米国産の生育動向が市場に与える影響も、コーンや大豆と、小麦とでは大きく異なります。コーンや大豆は米国が豊作になれば売り圧力が強まり、不作になれば価格が急騰するという、割と単純な値動きをする

ことも多いのですが、小麦の場合は米国産の生産状況だけで相場の方向性が決まることは、あまり多くありません。

1）米国の先物市場には、3種類の小麦が上場されている

　生産地が世界各国に分散されているのに加え、小麦には多くの品種があることも、ファンダメンタルズを複雑にしています。

　小麦の種類はまず、播種の時期によって冬小麦（秋播き）と春小麦（春播き）に分けられます。秋に作付けをしてひと冬を越し、春から生育を再開し夏前に収穫する冬小麦が一般的です。発芽を促すためには、ある程度の低温の期間を必要とすることがその背景にあります。

　しかし、突然変異によって、発芽にこうした低温の時期を必要としない品種が生まれ、主に北半球の寒冷地で栽培されるようになりました。これが春小麦です。コーンなどと同様、春に作付けをして、夏の終わりに収穫を行います。

　また、品質によっては、硬質小麦と軟質小麦に分類されます。

　硬質小麦はデンプンの粒が硬く、ぎっしりと詰まっており、タンパク質（グルテン）を多く含んでいます。小麦粉にしてもデンプン粒が荒い状態で残っており、水分を吸いやすいという特徴があります。パンの製造に使われる強力粉や、中華麺用の準強力粉には、硬質小麦が使用されます。

　一方で、軟質小麦はデンプン粒がバラバラになりやすく、水分を多く吸わないという特徴があります。タンパク質（グルテン）の含有量も比較的少なく、薄力粉や中力粉の原料となります。

◆小麦市場攻略カレンダー

～10月半ば～11月末	◎ 作付け作業が進んでいるかどうかに注意。思うように進んでいない場合は供給不安が生まれる（買い需要が強まる） ◎ 南半球の生産国（特に豪州）の収穫状況にも注意
12月～1月末	◎ 生産地に十分な積雪があるかどうかに注目 ◎ この時期は「世界の消費国の需要（対米産）が、どの程度強いのか」に注目が集まる
2月～3月半ば	◎ 生産地の天候に対する注目度が上がる ◎ ウインターキルが発生する可能性 ◎ 平年より早い時期から気温が上昇し、雪解けが始まってしまうこともある
3月後半～5月後半	◎ 生産地の天候や生育状況などに、市場の注目が本格的に集まる ◎ コーンや大豆も作付けが始まる。一部競合することもあるので要注意
5月末～7月後半	◎ 収穫期を迎える。生産者からの売り圧力も強まり、上値が重くなりやすい ◎ 6月後半から、コーンや大豆が本格的な天候相場に入ってくる。コーンの作柄が悪化した場合、その懸念を受けて小麦が上伸することがある
7月末～10月半ば	◎ 生産者からの売り圧力も後退し、輸出動向が再び材料視されるようになる ◎ 春小麦にも、収穫期が迫る中で注目が集まる ◎ 南半球の生育状況にも注意

このほかにも、粒の色の違いによって赤色種と白色種にも分類されます。

　このように、さまざまな種類があるために、すべての小麦をひとつの市場で同じように取引することはできません。米国にはCMEグループのシカゴ・ボード・オブ・トレード（CBOT）で、軟質赤色冬小麦、カンザスシティー商品取引所（KCBT）が硬質赤色冬小麦、そしてミネアポリス穀物取引所（MGE）で硬質赤色春小麦が取引されています。

　この中で取引量が多く、一般によく知れ渡っているのはシカゴの軟質赤色種です。ほかの取引所も大体同じような値動きをしますが、天候の影響などで特定の品種の需給が逼迫することがあれば、その品種を扱う市場だけが急伸したりすることもあります。

　ここでは、シカゴ市場の軟質赤色冬小麦相場に焦点を当て、その攻略法をやはり時間軸に沿って解説していきたいと思います。

2）10 月半ば〜 11 月末の傾向
〜冬小麦の作付動向に加え、南半球の生育状況に注目が集まる〜

　米国の冬小麦は、10月の半ばあたりから作付けが始まります。この時期に生産地で乾燥が続くと、発芽の不良や作柄の悪化に対する懸念が高まります。

　逆に悪天候が続くなら、作付け作業の遅れが懸念材料視されることになります。冬小麦の作付けが遅れた場合、早い時期から寒波に見舞われて降雪が見られたりすれば、作付けそのものができなくなってしまいますから生産に及ぼす影響も大きくなります。

また、コーンや大豆を収穫した後に冬小麦の作付けを予定している農家もありますから、コーンや大豆の収穫が遅れた場合にも、供給不安は高まることになります。

　作付けがしっかりと行われない限りは、その後の生育もありませんから、「作付け作業が進んでいるかどうか」には、特に注意を払う必要があるでしょう。ロシアや欧州など、ほかの北半球の生産国の作付けも同様です。

　一方で、豪州やアルゼンチンなど、南半球の生産国は、収穫に向けた生育の最終段階に入ってきます。こちらで気になるのは、やはり乾燥による作柄の悪化です。特に豪州ではひどい干ばつに見舞われると、生産量が大幅に落ち込み、世界需給にも影響することが多いだけに、その動向から目を離すことはできないでしょう。

3）12月〜1月末の傾向
〜休眠期に入った冬小麦の畑に、十分な積雪があるのかが鍵に〜

　作付けが終了した米国の冬小麦は、翌春まで長い休眠期に入ります。この期間で一番重要なのは、「生産地に十分な積雪があるのか」という点です。十分な積雪は土壌に潤沢な水分を供給するとともに、苗を極端な低温から守ってくれる断熱材の役目も果たしてくれます。逆に積雪が少ないと、気温低下に伴う作柄の大幅な悪化、ウインターキル（冬枯れ）のリスクが高まります。

　また1月の前半には、米農務省（USDA）から初回の冬小麦の作付け推定が発表されます。この数字によって、ある程度、新年度の需給動向も掴めるようになります。「中長期的な相場観を持つには重要だ」

ということができるでしょう。よほどのサプライズとならない限り、これで大きく価格が動くこともないですが、作付けが事前予想や平年を下回る量にとどまるなら、その後、天候面の問題などで作柄悪化に対する懸念が生じたとき、市場が反応して買いが入ってくる可能性は高くなるので注意が必要です。

　もっとも苗が休眠期にある間は、供給面の材料に市場が大きく反応する可能性はやはり低くなります。この時期は「世界の消費国の需要（対米産）が、どの程度強いのか」に注目が集まるようになります。ここ数年は欧州産やロシア産などに比べて価格が割高な米国産に対する需要は、低迷を続けています。もちろん。こうした競合国で生産が大幅に落ち込むことがあれば、輸出もそれなりに伸びてきますが、世界的に豊作となれば、輸出は落ち込みやすくなります。そうなれば、やはり価格も低迷することになるでしょう。

4）2月～3月半ば
～生育の再開が近づく中、生産地の天候への注目も高まる～

　この時期はまだ北半球の冬小麦は休眠期にあり、需要面の材料が相場を動かすことが多いのですが、一方では春の生育再開が徐々に近づいてくる中、生産地の天候に対する注目度も上がってきます。特に注意しなければならないのが、積雪が十分でない地域で厳しい冷え込みが見られた場合にウインターキルが発生する可能性と、逆に平年より早い時期から気温が上昇し、雪解けが始まってしまうというシナリオです。暖冬傾向の強い年なら、2月後半や3月前半には、雪解けが始まてしまうほどに気温が上昇することも十分に考えられます。いったん雪が解けてしまい、畑が水浸しの状態となっているところで再び厳

98

しい寒波に見舞われるようなことがあれば、土壌が凍結してしまい、作柄が大幅に悪化する恐れが高くなるからです。

5）3月後半～5月後半
～休眠期明け生育状況に注目が集まるが、コーンの動向にも注意～

　3月も後半になると、南部の早い地域から休眠期の明けた冬小麦が徐々に生育を再開、生産地の天候や生育状況などに対して、市場の注目が本格的に集まるようになってきます。3月末にはUSDAから冬小麦の作付け推定、春小麦の作付意向調査が発表され、相場もいよいよ本格的に動き始めます。小麦の場合、取引所での取引量が一番多いのがシカゴに上場されている軟質赤色種ですが、米国内で一番生産量の多いのはカンザスシティーの硬質赤色冬小麦です。この2品種の需給に大きな違いが生じれば、微妙に値動きの差が現れることになりますが、たいていの場合は同じような値動きをするので問題ないでしょう。

　一方、春小麦と冬小麦の需給や生育状況にはかなりの違いが出てきますが、春小麦の生産シェアは冬小麦よりもかなり低いので、春小麦の動向が全体を主導することはほとんどありません。基本的には、冬小麦の動向を追いかけていけばよいと思います。

　この時期には、コーンや大豆も作付けが始まり、相場が本格的に動き出してきます。需給の点ではこれらの市場と小麦はまったく別物ですが、特にコーンとは飼料需要などが一部競合することもあり、まったくバラバラな値動きをするというわけではありません。コーンや大豆の急伸に引っ張り上げられたり、下落が重石となったりすることも多いので、常に注意を払う必要があるでしょう。

6）5月末～7月後半の傾向
～収穫期に入る中、生産者からの売り圧力が強まる～

　5月の末になると、冬小麦はいよいよ収穫期を迎えます。生産者からの売り圧力も強まり、上値が重くなりやすい時期でもあります。もちろん、生産が大幅に減少する不作の年であれば、逆に買いに歯止めが掛からなくなることもありますが、基本的にこの時期は下落の流れに無理に逆らわないほうが無難でしょう。

　ただ一方では、6月後半あたりから、コーンや大豆が本格的な天候相場に入ってくることも忘れるべきではありません。生産地で高温乾燥が続き、作柄悪化懸念からコーンの急伸が見られれば、それにつれて小麦に買いが集まることがあっても不思議ではないと思います。

7）7月末～10月半ばの傾向
～収穫期の売りも一巡、輸出と春小麦の状況に注目が移る～

　7月も末になると、冬小麦の収穫も一巡、生産者からの売り圧力も後退してきます。輸出動向が再び材料視されるようになってくるほか、それまで無視されることが多かった春小麦にも、収穫期が迫る中で注目が集まることが多くなってきます。

　また、南半球の生育状況も、気にする必要があるでしょう。この時期は、それまでの冬小麦の需給に基づいた相場観にとらわれず、「市場がどのような材料に注目しているのか」を常に意識しながら、臨機応変に流れに乗っていく必要があります。

　9月末にはUSDAからスモールグレイン・サマリーの発表があり、年次の生産推定が明らかになります。これで供給面の材料もほぼ出尽

くし、新年度の動向が相場の中心となっていくことになります。

天然ガス市場の攻略法
～季節志向がはっきり出る相場、気温と在庫変動に注意～

1) 天然ガス市場の季節性向
～暖房需要や冷房需要を先取りする形で相場が動く～

　天然ガス市場は、季節性向がはっきりと出る相場です。需要面で注目すべきなのは冬場の暖房需要と、夏場のエアコンの使用に伴う電力需要です。

　特に重要なのは暖房需要です。「その冬の寒さがどれだけ厳しいものとなるか」によって、相場が大きく動くことになります。

　供給面では、米シェールガスの生産の変動がある程度相場に影響を及ぼすことになりますが、生産に関するデータは米エネルギー省エネルギー情報局（EIA）から月に1回、1カ月遅れで出てくるもの以外、特にありませんので、実際には生産動向を売り買いの判断材料とすることはほとんどありません。

　もうひとつ大きな影響力を持つのが、毎週木曜日にEIAから発表される「在庫統計」です。在庫は大きく、冬場（11月～3月）の取り崩し期と、夏場（4月～10月）の積み増し期に分かれます。

　冬場の暖房需要と夏場の冷房（電力）需要を比べれば、暖房需要のほうがはるかに大きいので、冬の間は在庫の取り崩しが進んでいきま

◆天然ガス市場攻略カレンダー

11月〜 12月半ば	◎ 暖房需要の増加に伴って、それまで積み上がってきた在庫も取り崩しに転じる。ただ、今年の冬の寒さがどの程度厳しいのかが見えていない分、取り崩し自体も大きくはない ◎ 気温低下予報に対して市場が意外に大きく反応し、相場が急騰することがある ◎ 取り崩しが始まる直前に、在庫がどの程度まで積み上がったのかが鍵
12月後半〜 1月末	◎ 在庫の取り崩しが本格化する ◎ 北東部や中西部、南部の天候に注意。寒さが厳しくなるかどうかが在庫に影響する
2月〜 3月前半	◎「春先に深刻な供給不足が起こる恐れが高まるまでに、在庫の取り崩しが進むのかどうか」に注目 ◎ 在庫は、通常、3月末から4月前半にかけてその年の最低水準を記録 ◎ 目安として、1兆立方フィートを割り込むかどうか
3月半ば〜 4月末	◎ 夏の冷房需要時まで需要の低迷期が続く ◎ 新たな材料にも乏しく、在庫も積み増しに転じる中で、基本的には軟調な展開が続く ◎ 突然の寒波には注意
5月初め〜 6月半ば	◎ 冷房需要を意識した動きが出てくる ◎ 在庫の積み増しペースに注目。鈍化が顕著なら買いが集まる。積み増しが続いたままなら売り圧力が強まる
6月後半〜 8月半ば	◎ 冷房需要に注目 ◎ 北東部や中西部の大都市の気温が重要視される ◎ 南部の天候にも注意 ◎ 天気予報をチェックしながらの相場展開になる
8月後半〜 10月前半	◎ ハリケーンに注意。メキシコ湾を直撃するまでは買い、その後は一転して売り

す。大体３月末から４月初めあたりに在庫はその年の最低水準まで減り、その後は気温の上昇とともに暖房需要が減少する中、夏にかけて在庫は積み増しに転じることになります。夏の暑さがピークをつけるころには冷房需要が増えますので積み増しのペースは鈍りますが、秋にかけて再び積み増し圧力が強まり、10月末あたりにその年の最高をつけ、再び冬に向けて取り崩しが始まることになります。

　こうした季節的なサイクルが狂うことはありませんが、市場は取り崩しや積み増しのペースが平年に比べて早いか遅いかを見て、足元の需給の逼迫具合を判断し、売り買いにつなげることになります。取り崩しが平年以上のペースで進んだり、積み増しのペースが鈍くなったりすれば強気に作用しますし、逆に取り崩しがあまり進まなかったり、大幅な積み増しが続いたりすれば、弱気の反応が見られるということになるわけです。
　ここではこうした在庫の季節的な変動を軸に、注目点や価格動向を解説したいと思います。

２）11 月～ 12 月半ばの傾向
～在庫が取り崩し期に入る中、気温低下予報に対して意外に大きく反応～

①今年の冬の寒さがどの程度厳しいのかが見えていない分、不安も高まりやすい

　天然ガス市場では、毎年 11 月から本格的な暖房需要期に入るとされており、需要の増加に伴ってそれまで積み上がってきた在庫も一転して取り崩されることになります。天然ガスのファンダメンタルズを分析するうえで、冬場の暖房需要がもっとも重要な要素なのは疑いのないところですから、ここから季節的な傾向を説明することにしたい

と思います。

11月の間はまだ寒さもそれほど厳しいものとはなりませんから、需要の増加によって在庫の大幅な取り崩しが続くことはありません。在庫は需要の最盛期には、週に1,000億立方フィート以上、場合によっては2,000億立方フィートを超えるような取り崩しが見られることもありますが、この時期は多くても600〜700億立方フィート程度の取り崩しにとどまることがほとんどでしょう。

しかし、そうした状況下でも、気温低下予報に対して市場が意外に大きく反応し、相場が急騰することがままあるのも事実なのです。まだ今年の冬がどの程度厳しいものになるのか、先行きが不透明なだけに、少し早い時期から厳しい冷え込みが見られると、将来的な需給逼迫に対する懸念が必要以上に高まることが、その背景にあると思います。

②取り崩しが始まる直前に、在庫がどの程度まで積み上がったのかが鍵を握る

ここで注意すべきなのは、大体10月末から11月初めにかけてその年のピークをつける、在庫の水準です。需給がだぶついている年であれば、この時期に在庫が3兆立方フィート台後半から、場合によっては4兆立方フィートに迫るまで積み上がることがあります。こうした場合にはやはり気温低下に対する市場の反応も控えめなものになります。

逆に、在庫のピークが平年を大きく下回り、3兆立方フィート台前半までしか積み上がらない年は要注意です。冬場に厳しい寒波が居座り、大幅な在庫の取り崩しが続けば、春先に深刻な供給不足につながる恐れが高まるからです。

3）12月後半〜1月末の傾向
〜在庫の取り崩しが本格化、相場もそれにつれて大きく反応〜

　12月も後半に入ると、各地で本格的に寒さが厳しくなり、1月末にかけてその年の寒さもピークをつけることになります。在庫の取り崩しも週に1,000億立方フィート半ばというのが当たり前になり、時には2,000億立方フィートを超える週が続くこともあるでしょう。在庫水準が平年を下回る状況でこうした大幅な取り崩しが続くなら、一日に5％、10％という急騰が見られても何ら不思議ではない状況に陥ることになります。

　そのときに特に重要となるのが、暖房需要の主要消費地とされる北東部（ニューヨークやボストンといった大都市を含む）や、北東部より冷え込みが厳しくなる中西部（シカゴなどの大都市で需要が増加）の天候です。

　さらには、南部の天候にも注意を払う必要があります。ヒューストンやアトランタといった南部の大都市では、通常は暖房需要が大きく増加するほど気温が下がることはありませんが、ごく稀に寒波が襲来し、短期間ながら、氷点下にまで気温が下がることもあるからです。普段はほとんど暖房が必要のない地域だけに、そこで一斉に暖房器具が使用されると、需要も跳ね上がることになるでしょう。

　もちろん、毎年、この時期に厳しい寒さに見舞われると、決まっているわけではありません。季節外れの暖冬が続くなら暖房需要も伸び悩み、在庫の取り崩しも遅々として進まなくなるでしょう。在庫水準が平年を上回るような状況で小幅の取り崩しが続くなら、相場が売り一色の展開になることも十分に考えられます。

4）2月〜3月前半の傾向
〜暖房需要がピークを過ぎる中、天気予報への反応もまちまちに〜

　2月に入ってもまだまだ厳しい寒さが続くことが多いのですが、暖房需要のピークは1月末から2月初めにかけてつけることが多く、ここから先は気温低下予報に対しても市場が意外に反応しなくなります。足元でどれだけ寒さが続くのかよりも、「春先に深刻な供給不足が起こる恐れが高まるまでに、在庫の取り崩しが進むのかどうか」が、市場にとって重要な注目点になってくるからです。

　在庫は通常、3月末から4月前半にかけてその年の最低水準を記録しますが、そのときに1兆立方フィートの大台を割り込むまで取り崩しが進むなら、需給逼迫に対する懸念も一気に高まるとされています。2月に入れば在庫の取り崩し期も終盤に差し掛かり、このゴールも大体見えてきます。1兆立方フィートを割り込む可能性が高くなれば、ここからさらに大きく値を伸ばすことも十分にあり得ますが、一方でそこまで在庫の取り崩しが進む心配がなくなれば、厳しい寒さが続いても市場はそれほど反応せず、ポジション整理の売りが全体を主導する展開になるでしょう。この時期は足元の気温の変化よりも、在庫の取り崩しがどこまで進むのかが、より重要になってくるのです。

5）3月半ば〜4月末の傾向
〜需要の低迷期に入る中で軟調に推移も、戻り寒波に注意〜

　3月も半ばになると気温も上昇、夏場の冷房需要に注目が集まるようになるまでは需要の低迷期が続くことになります。新たな材料にも

乏しく、在庫も積み増しに転じる中で、基本的には軟調な展開が続くと考えてよいでしょう。

とはいうものの、季節外れの寒波に見舞われる可能性には注意が必要です。中西部や北東部では、3月後半になってから大雪に見舞われることも珍しくはないのですが、もうすっかり暖房需要に対する興味を失ってしまった市場が、突然の寒波に不意打ちを食わされる形で大きく反応することがあるからです。普通は短期的な動きに終わりますが、それまでの間に軟調な展開が続き、売られ過ぎ感が高まっているところでそうした動きがあると、思った以上に大きな反発が見られることもあるでしょう。

4月も半ばになると在庫の大幅な積み増しが続く中で軟調地合いを強めることが多くなると思います。

6）5月初め〜6月半ばの傾向
〜冷房需要の増加が意識される中、在庫積み増しペースが鈍るかに注目〜

米国では、5月の最終月曜日のメモリアル・デーの祝日から、夏のシーズンに入るとされています。この時期はまだ冷房をガンガンに効かさなければならないほどの暑さにはならないのですが、市場はどんな変化でも先取りするもの。5月に入れば冷房需要の増加を意識した動きが出てくると見ておいたほうがよいと思います。

ここで注目すべきは、在庫の積み増しペースです。春以降の需要の低迷期に大幅な積み増しが続いていても、冷房需要が増加するのにつれて徐々に積み増しのペースが鈍ってきます。（積み増しの）ペースの鈍化が顕著なら、今年は冷房需要が早い時期から増加しているとの

見方から買いが集まってくることもありますし、大幅な積み増しが続いたままなら、さらに売り圧力が強まることになるでしょう。まだ真夏の暑さになることが少ないだけに、気温よりも在庫の推移により、注意を払うべきなのです。

7）6月後半〜8月半ばの傾向
〜夏の暑さの最盛期、どれだけ気温が上昇するのかが鍵を握る〜

　6月も後半になると本格的に気温が上昇するようになります。冷房需要の増加が市場の一番の注目材料となってきます。この場合にも冬の暖房需要同様に、北東部や中西部の大都市の気温が重要視されることになります。

　一方で、南部の天候にも注意を払う必要があります。この時期の南部の都市は、冷房需要が大幅に増加するのが当たり前なので、厳しい暑さが続いている場合にはあまり材料視されることはないのですが、季節外れの冷夏が続くようなことがあると、一転して売りの手掛かりとされることがあるからです。

　いずれにせよ、この時期は暖房需要のピーク時同様に、毎日天気予報をチェックしながらの相場展開になることは間違いありません。

8）8月後半〜10月前半の傾向
〜冷房需要のピークが過ぎるも、ハリケーンの発生に注意〜

　8月も後半になると、すでに夏の暑さやそれに伴う冷房需要もピークを過ぎることになり、市場でも大きな注目を集めなくなります。

　一方で、この時期は大西洋上のハリケーンが活発になることから、

こちらの動きが大きく材料視されるようになります。熱帯性暴風やハリケーンがメキシコ湾を直撃すれば、その周辺にある海上施設が閉鎖に追い込まれ、一時的に生産が止まってしまいます。ハリケーンが活発でない年でも、例年ひとつや２つは大型のものが発生しますし、活発な年には毎週のように新たなハリケーンが発生、メキシコ湾に向かうこともあります。一時的にせよ、供給が止まってしまうのですから、需給は一気に逼迫することになります。

　この時期の値動きには、ひとつの特徴があります。それは、ヘッジファンドなどの大口の投機家による、博打的な買いの存在です。いわゆる「ハリケーン・ロング」と呼ばれるこうしたトレードは、例年、「どこからかハリケーンが発生する」との見方を前提に、ハリケーン発生の兆候がないうちから、あらかじめ大量のロングを仕込んでおこうというものです。

　もちろん、実際にハリケーンが発生すれば価格は急騰しますので、こうしたトレードは成功することになりますが、逆にハリケーンが発生しない、もしくは、発生してもメキシコ湾の生産施設を外れたコースをとることになれば、冷房需要の後退に伴って相場全体に軟調地合いが強まる中、いずれかの時点でポジションを整理する動きが加速します。ときには、価格の下落に歯止めが利かなくなることもあるので注意が必要です。

　また実際にハリケーンが発生し、メキシコ湾の生産施設を直撃した場合でも、長期にわたって上昇トレンドが続くわけではないことにも注意が必要です。通常、発生からメキシコ湾を直撃するまでは、一時的に施設が閉鎖する（＝生産が止まる）との懸念が先に立って価格が大きく上昇しますが、ハリケーンが通過してメキシコ湾岸に上陸してしまえば、今度は沿岸部の都市に停電や洪水などの被害が発生し、需

要が大幅に落ち込むとの懸念のほうが先に立つようになります。したがって、一気に売り圧力が強まる場合が多いのです。

　ただ、生産施設への被害が深刻なものとなり、供給の停止が長期間続く事態となれば話は別ですが、よほどの大型のハリケーンが直撃でもしない限り、その可能性は低いと見てもよいでしょう。

　ハリケーンに絡んだトレードは、メキシコ湾を直撃するまでは買い、その後は一転して売られるというのが、基本になると考えておいてください。

◆総合カレンダー

	1月	2月	3月	4月	5月

原油
◎冬暖房需要ピーク
◎在庫積み増し
◎夏場のガソリン需要を睨んだ買いが入り始める
◎需要の低迷
◎ガソリン需要を意識した上昇が始まる

金（ゴールド）
◎1年通して、金利動向に注意
◎基本的に、不安感が高まったときには、金が買われる
　例）本書執筆当時の新型肺炎発生での金価格

コーン・大豆
◎2月の安値に注意
◎S・C比に注目
◎長雨と低温に注意
◎作付け作業の遅れは買い材料。大豆の場合は弱気に転じることも

小麦
◎世界の消費国の需要（対米産）に注目
◎生産地の積雪量に注目
◎生産地の天候に注目
◎コーンや大豆も作付けが始まる
◎育状況が本格的に注目される
◎生産地の天候や生育状況

天然ガス
◎北東部や中西部、南部の天候に注意
◎在庫の取り崩し本格化
◎春先を睨んで、在庫の取り崩しがどこまで進むかに注目。目安として1兆立方フィートを割り込むかどうか
◎低迷期が続く突然の寒波に注意
◎夏の冷房需要まで
◎在庫の積み増しペースに注目
◎冷房需要を意識した動きが出てくる

112

6月　7月　8月　9月　10月　11月　12月

◎冬暖房需要先取り
◎年末にかけて在庫減少
◎OPEC総会に注意

◎ガソリン需要減少
◎ハリケーンに注意

◎薄商い
◎ハリケーンに注意

◎運行距離が注目される
◎OPEC総会に注意

金の消費量が世界一のインドでは、秋の祭礼シーズンに金需要が高まる。ただし、影響は小

◎輸出などの需要面の材料に注目
◎ポジション整理の買い戻しが始まる
◎南米の生産国に注意

◎収穫作業の進捗に注目
◎好天が続くと売り圧力が強まる。悪天候の場合、買いが集まる

◎受粉期終了
◎降雨予報をきっかけにポジション整理の売りが出始める

◎受粉期。夏の天候相場。高温乾燥に敏感になる時期

◎供給不安が後退するにつれ、売り圧力が強まる

◎作付け作業が進んでいるかに注目
◎南半球の生産国の収穫状況にも注意

◎輸出動向が材料視される
◎春小麦にも注目が集まる
◎南半球の生産国の生育状況にも注意

◎収穫期。売り圧力も強まり、上値が重くなりやすい

◎コーンや大豆が本格的な天候相場になる

◎暖房需要先取りに注目。在庫の取り崩し開始
◎気温低下予想に市場が反応しやすくなる
◎取り崩し開始前にどれだけ在庫が積み上がったかが鍵

◎ハリケーンに注意

◎冷房需要に注目
◎北東部や中西部の気温のほか、南部の天候にも注意

◎天気予報をチェック

第**4**章

各市場で注目すべき材料と
その分析方法

～第1節～
原油市場に影響を及ぼす材料

　前章では、それぞれの市場の季節的な傾向や、大きな流れを掴むうえで鍵となる材料などについての説明をしました。

　一方で、相場は日々の材料に振り回されて上下に不安定に振れるものでもありますから、それらもしっかりと頭に叩き込んでおく必要があります。

　本章では各種データの発表など、市場に大きな影響を与える材料をひとつひとつ取り上げ、その分析方法などを細かく解説していきたいと思います（情報源のアドレスは巻末付録参照）。

１）米国内の需給を把握するのに欠かせない石油在庫統計

　米エネルギー省情報局（EIA）が発表する石油在庫統計（Weekly Petroleum Status Report）は米国内の石油需給の動向を把握するうえで、欠かすことのできないデータです。

　基本的には毎週水曜日の米東部時間 10：30 に発表されます。前回発表との間に米国の祝日を挟む場合は、1日遅れて木曜日に発表されます。

　ここでは便宜上、在庫統計と表現していますが、実際には在庫のみならず、石油生産や国内消費、輸入、輸出、製油所の稼動状況など、需給に関するあらゆるデータが含まれています。

◆石油在庫統計（Weekly Petroleum Status Report）

注）石油在庫統計の見方の詳細は、章末のコラムで紹介します

データは多岐にわたっていますので、すべてに目を通すことはほぼ不可能です。そこで、市場の注目度の高いもの、中長期的な需給動向を把握するうえで必要になるものを中心に、各項目について解説することとします。

①在庫（Ending Stocks）

　発表日の前週金曜時点における、原油や石油製品の在庫量は、数ある項目の中でも注目度が一番高いといっても過言ではないでしょう。

　前週から在庫量がどれだけ増えたのか、あるいは減ったのかによって、市場はさまざまな反応を示します。中でも注目度が高いのは、以下の3項目です。

◎原油（Crude Oil）
◎ガソリン（Total Motor Gasoline）
◎留出油（Distillate Fuel Oil）

　そのうち留出油は、それに含まれる硫黄分の高さによって、暖房油（硫黄分 500ppm 超）と、ディーゼル燃料（硫黄分 500ppm 以下）に分類されます。

　データは、さらに PADD と呼ばれる地域別で細かく分けられています。東海岸（PADD 1。さらにニューイングランド、大西洋岸中部、大西洋岸南部の3地域に分類）、中西部（PADD 2）、南部メキシコ湾岸（PADD 3）、ロッキー山脈地区（PADD 4）、西海岸（PADD 5）の5地域で、それぞれどの程度の変動があったのかも知ることができます。このうち、中西部に属しているオクラホマ州クッシング（Cushing,）の在庫は、周辺地域への石油供給の拠点、かつ、CME 原油先物の受け渡し地点に指定されていることもあって個別のデータが発表されて

います。それだけ注目度も高くなっています。

　その時々の状況によって変わりますが、大体、前週からの増減が100万バレル以下であれば市場の反応は鈍くなり、200万バレル以上の変化が見られると、発表後に相場が大きく動くことが多くなります。

②製油所稼働率 （Refiner Utilization）

　製油所稼働率は、「米国内の製油所が、自己の精製能力のうちのどの程度を生産に使用しているのか」を見る指標です。稼働率の上下は原油や石油製品の在庫にも影響を及ぼすほか、製油所が将来の需要動向をどのように見ているのかを知る手掛かりにもなります。

　製油所で消費された原油量（Gross Inputs into Refineries）を、製油所全体の精製能力（Operable Crude Oil Distillation Capacity）で割ることによって算出します。平均的な稼働率は90％前後で、90％台半ばにまで上昇すると、製油所の能力限界まで目一杯稼動しているということになります。反対に、メンテナンスや不慮の事故などで施設の停止が相次いだりすると、全体の稼働率も80％台にまで下がってきます。

　製油所稼働率の変化に関しては、こう動いたら強気、こう動いたら弱気という明確な基準はありません。稼働率が高ければ、その分、製油所における原油の消費が増えますから、原油市場にとっては強気ということになりますが、一方で稼働率が上昇するときにはガソリンや留出油といった石油製品の供給が増えますので、短期的には石油製品市場を中心に弱気に作用することになります。稼働率が下がったときも同様です。原油にとっては弱気でも、供給が減少する石油製品には強気に作用することになるのです。

　もっとも中長期的には、石油需要の強さを反映するという点で、稼働率の上昇はやはり強気と受け止めておいたほうがよいでしょう。在庫への影響は前述の通りまちまちではありますが、その点は原油と石

油製品の合計の在庫の推移を追いかけておけば大丈夫です。原油と石油製品の合計で在庫の取り崩しが進んでいるのならば、やはり足元の需給は逼迫しているということになり、製油所稼働率が高止まりを続ける中で起きているのであれば、なおさら強気と捉えるべきです。

　一方で、原油と石油製品合計での在庫が増加しているときは、供給が過剰になっていることが多いということです。市場の注目は原油やガソリンの在庫の変動に集まりやすいですが、それよりも原油と石油製品合計の在庫の推移を重要視するべきだと、私は思います。

③原油生産（Crude Oil Production）

　米国は石油の需要国という印象が強いですが、実はサウジアラビアやロシアに匹敵する石油の生産国でもあります。油田からの原油生産量は、一昔前までは変化も穏やかで、ほとんど材料視されることはありませんでしたが、ここ数年はシェール・オイルの開発による生産増が注目を集めるようになるにつれ、重要視されるようになってきました。

④石油製品需要（Product Supplied of Petroleum Products）

　ここまでは供給面の材料が多かったですが、需要面のデータももちろんあります。米エネルギー省は、製油所から出荷されるガソリンや留出油などの石油製品の量を、前週金曜までの1週間の日量平均という形で出しています。

　ここでひとつ気をつけなければならないのは、データはあくまでも製油所からの出荷段階での需要であり、最終需要の増減を表すものではない、ということです。

　例えば、米国における夏場のドライブシーズンは、一般的には、毎年5月最終月曜日のメモリアル・デーの3連休から、9月第1月曜日のレイバー・デーの3連休までとされています。その中でも、7月4

日の独立記念日以降は自動車の使用もピークを迎える傾向にあります。ガソリンスタンドでガソリンの売り上げが上がるのは、もちろんその間ということになりますが、ガソリンスタンドはそうした需要の増加に対応するため、数週間前から在庫の手当てを始めることになります。ガソリンスタンドにガソリンを卸す中間業者は、さらに前倒しで製油所からの調達を進めることになりますから、製油所レベルで見たガソリン需要のピークは1カ月以上前の、4月後半から5月後半にかけて見られることになります。市場はもっと先を読んで動き始めますから、ガソリン相場が上昇を始めるのはさらにその前です。5月の半ばにはいったんピークをつけることが多くなります。

⑤輸入、輸出（Imports, Exports）

　その昔、米国が需要の半分以上を輸入に依存していたころは、輸入量の増減にも市場は敏感に反応することが多かったのですが、最近はシェール・オイルの生産増によって全需要に対する輸入の割合が低下、4割を切るまでになってきています。それにつれて、価格への直接的な影響もほとんど見られなくなりました。

　一方で、原油は国家の戦略物資と位置づけられていることから、輸出法律で厳しく制限されていますので、基本的に、相場に影響を及ぼすようなことはありません。

　ただし、ここ数年は、シェール・オイルの生産増に伴って国内の供給がだぶついてきたこともあり、規制を緩和して輸出を増やそうという動きが出てきています。

　将来的に、こうした動きがさらに進むのであれば、輸入動向よりも輸出動向に市場が大きく反応することが起こるかもしれません。

2）エネルギー月報は、世界石油需要の変化と OPEC への石油需要に注目

　国際エネルギー機関（IEA）、石油輸出国機構（OPEC）、米エネルギー省情報局（EIA）などの調査機関は、毎月前半にエネルギー月報を発表します。先に取り上げた EIA の在庫統計は、米国内の需給が中心ですが、これらの月報は世界市場における需給の状況を、細かく分析しています。

　特に IEA と OPEC の月報は、需要や供給にとどまらず、在庫や製油所の稼動状況、タンカー市況から世界の景気動向まで、原油市場に関連するありとあらゆる材料を網羅しています。最後まで目を通そうとすると日が暮れてしまうほどのボリュームがあります。

　勉強のためにも、一度は隅から隅まで目を通してみるのもよいとは思いますが、そこまでの時間はないという方がほとんどだと思います。

　そこで、ここでは、市場がこうした項目のうち、「どのような部分に注目しているのか」を、相場への影響力の大きい順に取り上げてみたいと思います。

　IEA 月報と OPEC 月報、EIA が出す EIA アウトルックは、ともに以下の項目に注目してみてください。

①世界石油需要（World oil demand）

　世界石油需要見通しの変化は、市場がもっとも注目しているポイントです。需要は景気動向を反映する形で、短期間に見通しが変化することが多いです。その分、相場への影響も大きいといっても差し支えないでしょう。「需要の絶対量が前月の推定からどの程度修正されたか」という点もそうですが、どちらかというと「需要の前年からの伸びが、前月から引き上げられるのか、引き下げられるのか」という点が、強調されることが多いと思います。需要の伸びが引き上げられるのならば相場には強気、引き下げられるのならば相場には弱気という

◆ IEA 月報

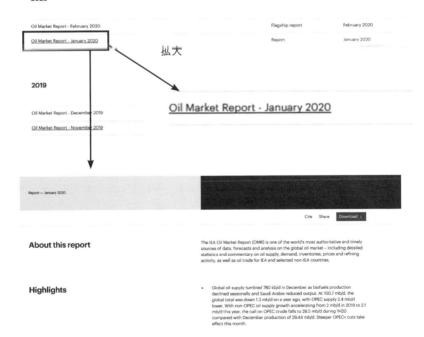

四角枠をクリックすると、世界の石油需要に関する記事が読める（ただし、リアルタイムではなく、１カ月遅れ。リアルタイムで読みたいときには有料）。

ことになります。

　また地域的に、「どこの需要に変化が生じているのか」も注目材料となります。その中でも、米国と中国という、世界の二大消費国の見通しに変化が見られると、市場も無視することはできず、思わず反応してしまうということがよくあります。

② OPEC に対する石油需要（Call on OPEC）

　世界市場は、需要の変化のみに影響を受けているわけではありません。需要に比べると短期間に大きな変化は見られにくいとはいえ、供給面の変化ももちろん、需給に影響を及ぼします。

　こうした供給面の数字も考慮に入れつつ、「世界市場の需給バランスが現時点でどのようになっているのか」を知るうえで重要なのが、OPEC に対する石油需要（Call on OPEC）です。

　具体的には、世界需要見通しから、非 OPEC 産油国の生産見通しを差し引いたもので、「OPEC がどの程度の量を生産すれば、世界市場で需給のバランスが取れるのか」を示しています。

　OPEC が "Call on OPEC" を超えて生産すれば市場は供給過剰に陥りますし、"Call on OPEC" を下回る生産しか行わなければ、需給は逼迫します。

　別に、世界需要の合計から供給の合計を差し引いて、需給のバランスを算出すればよいだけの話なのですが、OPEC は足元の需給や価格動向などを考慮して、生産量を変化させます。そのため、"Call on OPEC" の数字を把握したり、毎月変わる OPEC の生産量の見通しを確認するほうが、需給の動向をよりすばやく判断できます。その意味で、この数字は重宝されているのです。

③ OPEC 生産量

　景気動向によって変化しやすい需要動向に比べ、生産量は短期間に

◆ OPEC 月報

四角枠をクリックすると、レポートをダウンロードできる。その中の「World oil demand（世界の石油需要）」「World oil supply（世界の石油供給）」「Stock Movements（在庫移動）」に注目。

大きく変動することは少なく、市場の注目度もやや下がります。ただ、OPEC の生産量だけは別物です。

　非 OPEC 産油国の生産見通しは、基本的に四半期ごとの変化しか追いかけておらず、比較的広い地域ごとの推定しか出てきませんが、こと OPEC に関しては細かく発表されます（例えば、加盟国の個別の生産量は毎月発表されます）。OPEC が協調減産を行っているときや、逆に積極的に増産を進めているときは、毎月の生産量の変化に市場の注目が特に集まることになります。

　OPEC の生産量に関しては、OPEC 自体ももちろん見通しを出しています。これには第三者の推定（secondary sources）による生産量と、OPEC が加盟国から直接聞き取り調査を行って出している見通し（direct communication）の 2 種類があります。市場の信頼度や注目度が高いのは、第三者による推定のほうです。聞き取りによるものは、加盟国がそれぞれの思惑から多めの数字を言ったり、少なく申告したりすることがあるので、市場の信頼度も相対的に低いようです。

④非 OPEC 産油国の生産量

　OPEC の生産量に比べると、非 OPEC 産油国の生産量は見通しが大きく変化することも少なく、注目度は相対的に低かったのですが、最近は米国でシェール・オイルの開発が進み、同国の生産量の増加が大きな材料として注目され始めたこともあって、あまり無視できなくなってきました。もっとも、前述の OPEC に対する石油需要（Call on OPEC）は、こうした非 OPEC 産油国の生産見通しの変化も含む形で産出されますから、そうした点ではやはり注目度は低いとみておいたほうがよいでしょう。

◆ EIA アウトルック

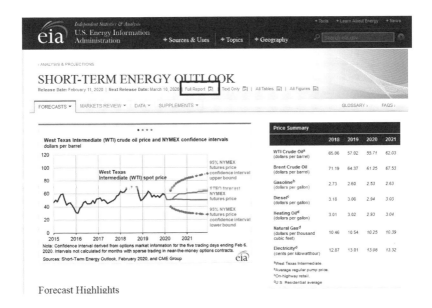

Forecast Highlights

四角枠（Full Report）をクリックすると、レポートに移動する。その中の
以下に注目する。

◎ Table 1. U.S. Energy Markets Summary
◎ Table 3a. International Petroleum and Other Liquids Production,
　Consumption, and Inventories

⑤在庫量

　足元の需給状況がどのようになっているのかを見るうえで、在庫の推移にも注目する必要があるでしょう。レポートには他にも多くの項目がありますが、このあたりまでを押さえておけば、需給の大まかな状況は掴めると思います。在庫水準が低く、需給が逼迫状況にあるときには、供給面の少しの変化にも市場が敏感に反応することが多くなります。

　逆に、在庫が潤沢にあるときには、何らかのトラブルで油田の生産が止まってしまったようなときがあっても、相場があまり動かないこともあります。「在庫が過去5年平均と比べてどのような水準にあるのか」「ここ数カ月の傾向はどうなのか」「取り崩しが続いているのか、それとも積み増し圧力が強まっているのか」などを、しっかりとチェックしておけばよいでしょう。

　なお、全体の在庫量が需要の何日分に相当するのかを、ひとつの目安とすることもありますが、最近はあまり重要視されなくなっているようです。

3）稼働リグ数は、シェール・オイルの開発が進んで一躍有名に

　石油掘削サービスを手掛けるベーカーヒューズが毎週金曜に発表する「北米の稼働リグ数レポート（North America Rig Count）」は、米国のシェール・オイルの開発が進むにつれて、注目を集めるようになったデータです。2010年あたりまでは、ニュースになることも、材料視されることもほとんどなかったのですが、シェール・オイルの開発が進み、生産の増加が全体の需給に影響を及ぼすようになってくると、先行指標となるデータということで、メディアも取り上げるようになってきました。

　私は、レポートを出すようになってから、ずっと追いかけています。

◆稼働リグ数

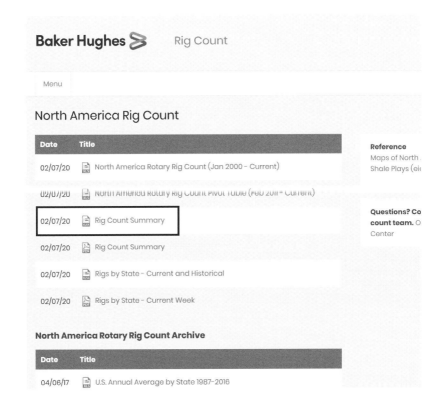

四角枠をクリックすると、リグの稼働状況についてのエクセルデータに飛ぶ。その中の「Location」に注目。

別に先見の明があったわけではなく、金曜には他にエネルギー関連の
データ発表もなく、レポートに載せる材料も他になかったので賑やか
しに数字を取っていた、というのが実際のところです。当時は米国の
石油生産量になど誰も注目していませんでしたから、材料視されない
のも当然でした。

　稼働リグとは、石油を掘削するときに使用するドリルのうち、実際
に油井に向けて掘削を進めているものを指します。これが増加してく
れば生産も増えますし、減少すれば生産も落ち込んできます。

　ただ、リグの稼働が必ずしも生産に結びついているわけではありま
せん。誰が見ても一目瞭然という相関性があるわけでもありません。

　ここまでの傾向を見る限り、稼働リグの増減から半年ほど遅れて、
実際の生産量が変化することが多いようです。シェール・オイルなど
の開発業者が「どの程度、意欲的に活動を行っているのか」の、目安
程度にとどめておくほうがよいでしょう。このデータに多くを依存し、
生産見通しを立てるべきではないと思います。

4）経済指標は、先行性があって景気動向を直接反映するものに注目

　石油需要は、景気の動向に大きく影響を受けます。景気が良くなっ
て経済活動が活発になれば需要が増えますし、景気が停滞してくれば
需要も伸びなくなってきます。

　このように景気動向と需要には密接な関係があります。事実、景気
動向を反映する経済指標に対して市場が反応することもあります。

　ただ、強気の経済指標が出たからといって、すぐに需要が増加し、
需給に影響が見られるわけではありません。原油市場の場合は、供給
面が変化すると大きな影響を受けることが多いですから、市場の反応
も限定的なものにとどまると見ておいたほうがよいでしょう。日々の
トレードの手掛かりというよりも、「中長期的な需給見通しを立てる

うえで参考とするデータ」という位置付けでよいと思います。

　具体的には、景気に対して先行性があって、かつ、経済活動を直接反映するようなものを中心に見るのがよいでしょう。鉱工業生産指数は需要動向と密接な関係がありますし、ISM 指数やフィラデルフィア連銀指数などの景況感指数、製造業受注、そして国内総生産（GDP）などがそれに当てはまります。個人所得や個人消費支出も、ドライブ需要に結びつくので注目しておくべきでしょう。

　一方で、物価指数とはあまり密接な関係はありません。住宅関連指標の影響もそれほど大きくないです。雇用統計は、株価やドルなど、他の市場が大きく振り回されるので、結果的に原油相場も反応しますが、景気に関して言えば遅行指標となるので、需要動向を占うには少し使いにくいのではないかと思います。

~第2節~

金（ゴールド）市場に影響を及ぼす材料

1）現物需給のデータは、値動きに直接大きな影響を及ぼさない

　需給を表すデータとしては、業界団体であるワールド・ゴールド・カウンシル（WGC）が四半期ごとに発表する、「ゴールド・ディマンド・トレンド」が有名です。需給両面についての細かいデータが記されており、足元の状況をしっかりと把握することができます。

　もっとも、トレードに関して言えば、このレポートが値動きに直接的に影響を及ぼすことはほとんどないと言ってもよいと思います。

　金相場は長期金利やドル、株価といった金融市場の動向の影響を大きく受けます。現物市場の需給に大きく反応しないことや、発表の時期が当該の四半期が終了して約1カ月半後という、タイミングの遅さが背景にあるのでしょう。需給の傾向掴み、長期的な相場分析の参考にするのはよいですが、レポートの発表を受けてすぐに相場が動くような展開は、期待することができません。

2）中銀の金保有高の推移は、かつて大きく注目を集めたことも

　ワールド・ゴールド・カウンシルからは、他にも月に1回、世界の中央銀行や公的機関による保有金の状況が発表されます。中銀による保有金の状況は、1990年代の終わり、欧州の中銀が競って保有金の

◆ゴールド・ディマンド・トレンド

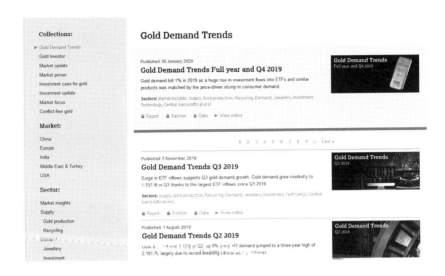

◆中央銀行の金保有高

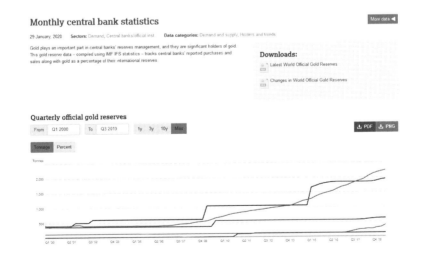

売却を行い、それにつれて相場が下落基調を強めていたころには、市場の一番の注目材料と言っても過言ではありませんでした。

　その後、1999年9月に欧州の中銀が中心となって金売却に関する協定（CBGA-Central Bank Gold Agreement）を発表。保有金の売却に制限を掛けたことを受けて金相場は急反発することになるのですが、その後もしばらくは相場への影響は大きかったと思います。

　しかし現在では、金価格も比較的安定しており、保有金の変動も一部の中銀を除けば小幅なものにとどまっていますから、材料視されることもほとんどなくなっています。

3）金市場の材料はといえば、やはり経済指標

　結局のところ、金相場を動かしているのは金利やドル、株式といった金融市場の動向になりますから、それに大きな影響を及ぼす経済指標を追いかけていくのが一番効率的ということになります。

　金市場のレポートを書いていると、金についてのレポートなのか、為替のレポートなのか、はたまたマクロ経済についての解説なのかがわからなくなることが多いです。それだけ密接な関係があるということです。

　基本的には、強気の経済指標が出たときには投資家のリスク志向が強まり、ドル高や株価の上昇を呼び込みますから金市場にとって弱気、逆に弱気のサプライズが出た場合にはリスク回避の動きが加速、安全資産としての金に対する需要が強まると考えておいてよいでしょう。

～第3節～
コーン・大豆・小麦市場に影響を及ぼす材料

1）米農務省（USDA）から発表されるデータは、材料の宝庫

　コーンや大豆、小麦市場のファンダメンタルズを分析するうえで、米農務省（USDA）から発表される各種データは、外すことのできない重要な材料です。

　こうしたデータをしっかりと追いかけていれば、中長期的な需給や価格動向を見誤ることはないでしょう。もちろん、データ自体から大きなサプライズが飛び出すこともありますし、特に夏場の生育期にはその傾向が強くなりますが、事前に発表スケジュールがわかっているので、予期せぬリスクを避けることもできます。

　そういう点では、「農産物市場はファンダメンタルズに基づいたトレードをするうえで、もっともやりやすい市場だ」と言うこともできると思います。
　本節では USDA からどのようなデータが発表されるのか、ひとつひとつ見ていくことにしたいと思います。

２）週間輸出成約高（Weekly Export Sales）

　輸出成約高は需要動向を見るうえで、欠かすことのできないデータです。USDA は前週木曜日までの１週間に、業者が成約させた輸出契約を集計し、仕向け先（輸出先）の国ごとにまとめて発表します（※毎週木曜の米東部時間 8：30 に発表）。

　コーンや大豆、小麦に関しては、10 万トン以上の大口成約は、成約があった日の翌日までの報告が義務付けられています。すぐに公表されますので、市場も事前の予想を立てやすいデータだということができるでしょう。

　週ごとの数字にはばらつきも多いので、中長期的な傾向を掴むためには過去４週間の平均に注目します。

　コーンや大豆の場合、４週平均が 100 万トンを大きく超えてくれば、輸出は好調と見られ、買い材料視されることが多くなりますが、逆に70 万トンを割り込んでくるようなら、売り材料視されることもあります。

　小麦の場合は、米産に輸出競争力がないので、70 万トン以上なら強気、40 万トン以下なら弱気と受け止めておけばよいと思います。

　輸出成約高は、あくまでも契約が成立した時点での数字なので、後々に契約がキャンセルされる可能性があることも頭に入れておく必要があります。成約高と同時に実際に輸出された量も発表されますので、「成約はしたけれどもまだ輸出されていない分（Outstanding Sales。未出荷分）がどの程度あるのか」にも注目する必要があります。未出荷分が目立って多くなってくると、将来的にキャンセルされる、あるいは次年度以降に繰り越しされる可能性が高くなります。その場合にはあとで解説する月１回の需給報告で、その市場年度における輸出見

◆週間輸出成約高 （Weekly Export Sales）

Weekly Highlights   Complete Weekly Report

Weekly Summary Activity   Summary Weekly Report

Weekly Cotton Activity   Weekly Hides Activity

Individual Commodity Reports:

Wheat	Cotton
-- Hard red winter	-- American Pima - Raw, extra long staple
-- Soft red winter	-- Upland - Raw, staple length 1 1/16" and over
-- Hard red spring	-- Upland - Raw, staple length 1" up to 1 1/16"
-- White	-- Upland - Raw, staple length under 1"
-- Durum	
-- Wheat products	

U.S. EXPORT SALES FOR WEEK ENDING 2/6/2020

COMMODITY	CURRENT MARKETING YEAR						NEXT MARKETING YEAR	
	NET SALES	OUTSTANDING SALES		WEEKLY EXPORTS	ACCUMULATED EXPORTS		NET SALES	OUTSTANDING SALES
		CURRENT YEAR	YEAR AGO		CURRENT YEAR	YEAR AGO		
THOUSAND METRIC TONS								
WHEAT								
HRW	294.2	1,908.1	1,808.2	200.1	6,261.0	3,770.6	0.0	80.9
SRW	11.7	393.2	886.1	73.5	1,809.1	1,391.0	20.0	25.2
HRS	197.7	1,576.6	1,511.3	179.8	4,732.2	3,992.9	24.0	83.0
WHITE	132.4	1,218.8	1,167.2	52.8	3,188.5	2,961.6	0.0	20.9
DURUM	7.0	197.4	89.9	0.0	623.8	330.0	0.0	61.0
TOTAL	643.1	5,294.1	5,462.7	506.3	16,614.7	12,446.1	44.0	270.9
BARLEY	0.0	15.8	30.9	1.0	33.0	27.1	0.0	30.5
CORN	968.8	11,869.4	13,020.8	782.8	11,890.0	19,266.6	0.0	1,258.9
SORGHUM	17.6	284.0	119.2	84.3	889.2	357.4	0.0	0.0
SOYBEANS	644.8	5,504.9	12,517.2	611.3	27,447.7	17,851.9	6.3	316.6
SOY MEAL	234.2	3,630.2	3,936.1	268.2	3,885.4	2,973.6	0.0	87.3
SOY OIL	39.1	298.6	210.7	12.8	342.9	195.2	0.0	0.5
RICE								
L G RGH	101.5	440.7	222.9	43.9	757.7	564.4	0.0	0.0
M S RGH	25.0	43.3	4.5	0.2	17.0	23.1	0.0	0.0
L G BRN	0.2	22.2	5.2	1.4	22.0	24.7	0.0	0.0
M&S BR	0.1	66.0	95.2	1.9	24.5	45.3	0.0	0.0
L G MLD	2.4	92.1	141.8	32.1	588.6	371.8	0.0	0.0
M S MLD	6.8	129.0	217.3	6.6	335.2	191.2	0.0	0.0
TOTAL	136.0	793.2	687.0	86.0	1,745.0	1,220.5	0.0	0.0

※小麦

※コーン

※大豆

通しが下方修正され、需給バランスに影響が出ることになるからです。

3）週間輸出検証高（Weekly Export Inspection）

　輸出検証高は輸出成約高同様、輸出動向を反映するデータです。ただ、成約高に比べると市場の注目度は低いと考えてよいでしょう。農産物の輸出時には検疫が行われます。前週木曜までの1週間にどの程度の量が検査を受けたのかが、このデータに表れます（※ 毎週月曜の米東部時間11：00に発表）。「すでに成約した輸出契約が、どの程度のペースで実際に出荷されているのかを見る」という点では参考になりますが、米産に対する消費国の需要が強いのかどうかを、直接反映するデータとしては、やはり輸出成約高のほうが重視されます。

4）クロップ・プログレス（Weekly Crop Progress）

　クロップ・プログレスでは農産物の生育期にあたる4月初めから11月末までの期間、毎週それぞれの作物の作柄や生育の進行状況がレポートされます（※ 4月初めから11月末まで、毎週月曜の米東部時間16：00に発表）。発表は大きく分けて2種類、作柄状況と生育状況です。

　作柄状況（Condition）は各作物の作柄を不良（Very Poor）、やや不良（Poor）、平年並み（Fair）、やや良（Good）、良（Excellent）の5段階に分け、それぞれのカテゴリーの割合が示されます。基本的には、良からやや良の割合が全体の何パーセントあるのか（そのときどきでケース・バイ・ケースが実情）が注目され、作柄の目安となります。

　生育状況は作付けに始まって収穫に至るまで、各作物の生育がどの段階にあるのかがわかるようになっています。

```
ADDITIONAL ANALYSIS, COMPILATIONS OR DATA IS AVAILABLE.

            GRAINS INSPECTED AND/OR WEIGHED FOR EXPORT
              REPORTED IN WEEK ENDING FEB 06, 2020
                      -- METRIC TONS --
-----------------------------------------------------------
                                                    CURRENT
              ---------- WEEK ENDING ----------    MARKET YE
GRAIN         02/06/2020 01/30/2020 02/07/2019    TO DATE

RLEY               5,337      1,796        122       24,795
RN               769,390    562,380    752,758   11,494,229
AXSEED                24        100         24          520
KED                    0          0          0            0
TS                   100        400          0        2,766
E                      0          0          0            0
RGHUM             77,553     18,092     84,378    1,226,620
BEANS            603,852  1,373,502  1,150,863   27,217,697
NFLOWER                0          0          0            0
EAT              523,713    435,720    562,706   17,185,178
tal            1,979,969  2,391,990  2,550,851   57,151,805
-----------------------------------------------------------

OP MARKETING YEARS BEGIN JUNE 1 FOR WHEAT, RYE, OATS, BA
AXSEED;  SEPTEMBER 1 FOR CORN, SORGHUM, SOYBEANS AND SUN
LUDES WATERWAY SHIPMENTS TO CANADA.

      SOYBEANS INSPECTED AND/OR WEIGHED FOR EXPORT
        BY PORT AREA AND COUNTRY OF DESTINATION
          REPORTED IN WEEK ENDING FEB 06, 2020
                  -- METRIC TONS --
-----------------------------------------------------------
ATLANTIC
    INDONESIA      1029        THAILAND       342

ATLANTIC
    BURMA           980        CHINA T       4064
    INDONESIA      1053        MALAYSIA      6442
    THAILAND       4114        VIETNAM        734

SSISSIPPI R.
    ALGERIA       33001        BANGLADESH   54899
```

◆クロップ・プログレス（Weekly Crop Progress）

Progress NASS

四角枠（PDF）をクリックすると、詳細レポートに飛ぶ。

具体的にはコーンの場合、作付け（Planted）→発芽（Emerging）→シルキング（Silking）→ドウ（Dough）→デント（Dented）→成熟（Mature）→収穫（Harvested）という順序で、大豆の場合は作付け（Planted）→発芽（Emerging）→開花（Blooming）→着サヤ（Setting Pod）→落葉（Dropping Leaves）→収穫（Harvested）という順序で進んでいきます。

　冬小麦と春小麦は4段階、作付け（Planted）→発芽（Emerging）→出穂（Headed）→収穫（Harvested）の順序で、冬小麦の場合は発芽と出穂の間に冬の休眠期が入ります。

　この数字を毎週追いかけていれば、2〜3年もすればどの作物がどのような段階を経て生育しているのかが、大体頭に入るでしょう。

5）需給報告（World Agricultural Supply and Demand Estimates）

　需給報告では毎月1回、農産物の米国内市場と世界市場における需要と供給の推定が発表されます（※毎月1回、10日前後に発表）。特に、生育期（作付が始まり収穫が終わるまでの期間）は市場の注目度も高く、内容によっては相場が大きく動くことも多い、非常に重要なデータということができるでしょう。

　以下、需給報告においての、供給面と需要面の注目ポイントを紹介しておきます

〜〜〜〜〜〜〜〜〜 供給面の注目ポイント 〜〜〜〜〜〜〜〜〜

◎作付面積（Area Plated）、収穫面積（Area Harvested）
　作付面積は、その年度にどの程度の農地に種付けが行われたのかを示す数字で、供給面でデータの基本となります。実際には後で説明する作付意向調査や作付け推定の数字が用いられるため、需給報告で修

◆需給報告（World Agricultural Supply and Demand Estimates）

2020 Release Dates (12:00pm ET)

Jan. 10, Feb. 11, Mar. 10, Apr. 9, May. 12, Jun. 11, Jul. 10, Aug. 12, Sep. 11, Oct. 9, Nov. 10, and Dec. 10

Latest Report

February-11 Report (wasde0220.xxx)	**January-10 Report** (wasde0120.xxx)
PDF	PDF
XML	XML
Excel	Excel
Text	Text
(Archive, Historical Revisions)	

Note to users:

コーンの場合

CORN

	Million Acres			
Area Planted	90.2	88.9	89.7	89.7
Area Harvested	82.7	81.3	81.5	81.5
	Bushels			
Yield per Harvested Acre	176.6	176.4	168.0	168.0
	Million Bushels			
Beginning Stocks	2,293	2,140	2,221	2,221
Production	14,609	14,340	13,692	13,692
Imports	36	28	50	50
Supply, Total	16,939	16,509	15,962	15,962
Feed and Residual	5,304	5,432	5,525	5,525
Food, Seed & Industrial 2/	7,057	6,791	6,770	6,820
Ethanol & by-products 3/	5,605	5,376	5,375	5,425
Domestic, Total	12,361	12,223	12,295	12,345
Exports	2,438	2,065	1,775	1,725
Use, Total	14,798	14,288	14,070	14,070
Ending Stocks	2,140	2,221	1,892	1,892
Avg. Farm Price ($/bu) 4/	3.36	3.61	3.85	3.85

Note: Totals may not add due to rounding.　1/ Marketing year beginning September 1 for corn and sorghum; June 1 for barley and oats. 2/ For a breakout of FSI corn uses, see Feed Outlook table 5 or access the data on the Web through the Feed Grains Database at www.ers.usda.gov/data-products/feed-grains-database.aspx. 3/ Corn processed in ethanol plants to produce ethanol and by-products including distillers' grains, corn gluten feed, corn gluten meal, and corn oil. 4/ Marketing-

①作付面積（Area Plamted）、収穫面積（Area Harvested）、②単収(イールド)＆生産量（Production）、③輸出、④飼料需要、残余分（Feed and Residual）：コーン、小麦、⑤エタノール（Ethanol & by-products）：コーンのみ、⑥国内圧搾需要（Crushing）：大豆のみ、⑦期末在庫と在庫率に注目

正が見られることもほとんどなく、注目度も低いのですが、無視して
よいというものでもありません。

　一方、収穫面積は、作付された農地のうち、実際に収穫されるもの
がどの程度あるのかというもので、通常は作付面積よりも1割弱低く
なります。これは悪天候などによって作物がうまく育たず、収穫に至
らないものが出てくるからです。天候不順で作柄が大幅に悪化したり、
収穫期に低温や悪天候が続いて作業に支障が生じたりすると、収穫面
積は引き下げられることがあるので注意が必要です。

◎単収（イールド）＆生産量（Production）

　イールドは、単位面積あたりの収穫量を指します。天候にめぐまれ
生育が順調に進むとイールドは上昇、逆に干ばつなどで作柄が悪化す
ると、イールドは低下します。生育期間中は一番大きく変化する数字
です。修正やサプライズも多く、市場の注目度も非常に高いと言うこ
とができるでしょう。

　品種の改良や灌漑設備の発達など、農業技術の発達によって、イー
ルドは基本的に上昇傾向にありますが、それ以上に天候に左右される
というのが実際のところです。

　生産量は基本的に収穫面積にイールドを掛けたものとなります。も
ちろん、こちらもイールド同様に市場の注目が集まります。

　需給報告は毎月発表されますが、特に注目度が高いのは5月と8月
のレポートです。5月にはその年度産の需給見通しが初めて発表され
ます。

　生産に関しては、後に説明する作付意向調査の内容と、過去の傾向
に沿って統計学的に推定されたイールドに基づいて見通しが算出され
ます。イールドに関しては、天候面の影響を考慮しないので、やや高
めの数字が出ることが多いです。8月のレポートでは、それまでの推

定ではなく、現地調査に基づいたイールド推定が使用されるようにな
りますから、その年の生育状況によっては大幅な修正が行われます。
内容によっては、当然ながら相場も大きく動くことになります。

－－－－－－－－ 需要面の注目ポイント －－－－－－－－

◎輸出

　輸出の推定は、需要面の材料の中でも修正が多く、相場への影響も
大きくなります。週間の輸出成約高を追いかけていれば、ある程度予
想はつくのですが、輸出成約高はあくまでも契約時点の数字であり、
実際の輸出量とは異なります。その後、契約がキャンセルされたり、
次年度に持ち越されたりする場合もあるので注意が必要です。

　年度の後半になると、輸出成約高の累計が、需給報告での推定を上
回ることもありますが、その場合には輸出推定が引き上げられるか、
過剰の成約分が次年度に持ち越されるかのどちらかになると考えられ
るでしょう。

◎飼料需要、残余分（Feed and Residual）― コーン、小麦

　飼料需要は需要の中でも割合が多いですが、大きく変動するような
ことはないので、注目度は高くありません。基本的に家畜の飼育状況
に大きな影響を受けますので、その点では食肉価格や飼育数などには
注意を払う必要があるでしょう。

　残余分は基本的には需給の推定と、実際の在庫量との誤差を調整す
るためのものです。後で説明する四半期在庫の数字が予想から大きく
外れた場合には、その後の需給報告で残余の数字が修正され、つじつ
まを合わせることになります。

◎エタノール（Ethanol & by-products） ― コーンのみ

　エタノール需要は、コーンの需給を分析するうえで欠かせない数字です。主に政府のバイオ燃料に関する方針、年間のバイオ燃料の使用義務の数値目標の設定に大きく左右されますが、このほかにも原油価格の推移や、ブラジルなどからのエタノール輸入の動向にも注意が必要になります。

◎国内圧搾需要（Crushing） ― 大豆のみ

　大豆の需要で一番大きいのが、圧搾需要です。大豆は穀物ではなく、油種に分類されており、ほとんどが圧搾による大豆油の製造に使われます。大豆油の副産物として、搾り粕は大豆ミールとなり、飼料などに使われます。

◎期末在庫と在庫率 ― その年度の需給の逼迫度を端的に表す数字

　期末在庫（Ending Stocks）は、その年度の終わりに、国内に在庫がどの程度残っているのかを示す数字です。その年の需給がどの程度逼迫しているのかを知る目安となります。「絶対的な在庫水準がどの程度なのか」ということも重要ですが、一番注目されるのは、在庫を需要で割った「在庫率」です。この数字が低いと需給は逼迫、高いと需給は緩和気味ということになります。在庫率の目安はそれぞれによって異なり、コーンの場合は 10% ～ 14% あたりが適正水準と考えてよいでしょう。大豆の場合なら 8 ％ ～ 12%、小麦は 30% ～ 40% が目安で、それぞれのレンジを下回ると需給は逼迫、上回ると緩和気味とみなされます。

6）四半期在庫（Grain Stocks）

　四半期在庫では年 4 回、3 月、6 月、9 月、12 月の各 1 日時点で

◆四半期在庫（Grain Stocks）

Home

Grain Stocks `NASS`

Log in or Sign Up to subscribe

This full-text report, issued four times yearly, contains stocks of all wheat, durum wheat, corn, sorghum, oats, barley, soybeans, flaxseed, canola, rapeseed, rye, sunflower, safflower, mustard seed, by States and U.S. and by position (on-farm or off-farm storage); includes number and capacity of off-farm storage facilities and capacity of on-farm storage facilities. The data is obtained via an off and on-farm stocks survey, the on-farm survey is a probability survey of farm operators, the off-farm stocks survey is enumerates the volume of grain in all known commercial grain storage facilities.

Frequency of Release: Seasonal

Upcoming releases: Mar 31 2020 12:00 PM, Jun 30 2020 12:00 PM, Sep 30 2020 12:00 PM

Category: Crops and Crop Products:Grains and Oilseeds:

Keywords: soybeans, supply, grain storage facilities, wheat, industry trends

LATEST RELEASE

Jan 10, 2020   PDF TXT ZIP

PUBLICATION CONTACT

Contact office name: National Agricultural Statistics Service
Contact email: nass@nass.usda.gov

PDFをクリック

Grain Stocks by Position and Month in Domestic Units – United States: 2018 and 2019
[Blank data cells indicate estimation period has yet not begun]

Date	2018			2019		
	On farms	Off farms [1]	Total all positions	On farms	Off farms [1]	Total all positions
	(1,000 bushels)	(1,000 bushels)	(1,000 bushels)	(1,000 bushels)	(1,000 bushels)	(1,000 bushels)
Corn						
March 1	5,002,000	3,890,126	8,892,126	5,131,000	3,482,206	8,613,206
June 1	2,750,100	2,554,704	5,304,804	2,949,600	2,252,636	5,202,236
September 1	620,000	1,520,335	2,140,335	814,100	1,406,649	2,220,749
December 1	7,451,000	4,485,798	11,936,798	7,178,000	4,210,815	11,388,815
Sorghum						
March 1	13,250	127,006	140,256	24,990	167,736	192,726
June 1	5,220	60,113	65,333	9,470	107,962	117,432
September 1	3,355	31,499	34,854	3,210	60,451	63,661
December 1	44,200	214,580	258,780	30,200	218,683	248,883
Oats						
March 1	17,240	37,699	54,939	18,050	32,232	50,282
June 1	11,410	29,606	41,016	10,500	27,314	37,814
September 1	39,200	35,573	74,773	37,900	22,153	60,053
December 1	25,410	41,864	67,274	24,770	29,196	53,966
Barley						
March 1	48,540	81,491	130,031	46,180	75,216	121,396
June 1	26,420	68,061	94,481	22,870	63,653	86,523
September 1	91,350	83,456	174,806	116,720	73,112	189,832
December 1	72,070	80,561	152,631	87,630	63,628	151,258
All wheat						
March 1	259,310	1,236,131	1,495,441	367,870	1,225,201	1,593,071
June 1	130,475	968,414	1,098,889	206,545	873,216	1,079,761
September 1	632,700	1,757,071	2,389,771	734,500	1,611,025	2,345,525
December 1	504,280	1,505,205	2,009,485	519,470	1,314,195	1,833,665
Durum wheat [2]						
March 1	25,800	23,740	49,540	40,600	33,789	74,389
June 1	14,950	19,996	34,946	26,050	28,920	54,970
September 1	51,800	38,260	90,060	49,600	38,773	88,373
December 1	46,700	36,830	83,530	33,200	31,279	64,479
Soybeans						
March 1	855,000	1,254,303	2,109,303	1,270,000	1,457,069	2,727,069
June 1	377,000	842,329	1,219,329	730,000	1,053,080	1,783,080
September 1	101,000	337,105	438,105	265,000	644,052	909,052
December 1	1,935,000	1,810,824	3,745,824	1,525,000	1,726,667	3,251,667

[1] Includes stocks at mills, elevators, warehouses, terminals, and processors.
[2] Included in All wheat.

の在庫量を、それぞれその月の月末（12 月は翌年 1 月の 10 日前後）に発表します。市場の注目度はそれほど高くはありませんが、その後の需給見通しや価格動向に与える影響は意外に大きく、ファンダメンタルズ分析には欠かすことのできないデータです。毎月 1 回発表される需給報告とは方向性が割れること（一方が強気、もう一方が弱気）もありますが、その場合には個人的に四半期在庫を重視することが多いです。需給報告を含め、USDA のデータは基本的に予想や推定を元にしたものですが、四半期在庫だけは実際の調査に基づいた確定的な数字で、後日の修正が小幅なものにとどまるからです。四半期在庫の内容が予想と大幅に離れたものとなった場合は、それに合わせる形で次に発表される需給報告でも期末在庫見通しが修正されます。残余分の数字を修正することで、つじつまを合わせることがほとんどです。

7）作付意向調査、作付け推定（ Prospective Plantings, Acreage）

　作付けに関する USDA の推定は、新年度の生産動向を見るうえで非常に重要なデータです。作付意向調査は USDA が農家に対して、新年度にどの程度の作付けを行うかの聞き取り調査を行うもので、毎年 3 月末に発表されます。コーンや大豆、春小麦に関しては、これが新年度の需給に関する初めての具体的なデータとなりますから注目度も高く、サプライズがあれば相場も大きく動きます。

　ただ、あくまでも実際に作付けを行う前の計画を聞くものですから、天候や価格動向によっては計画が大幅に変更されることも少なくありません。6 月末には実際にどの程度の作付けが行われたのかの調査結果、作付け推定が発表されます。そこで大幅な修正が行われることも多く、内容によっては改めて相場が大きく動くことになります。

　冬小麦の作付けに関しては、1 月 10 日前後に作付け推定が、3 月末

◆作付意向調査（Prospective Plantings）

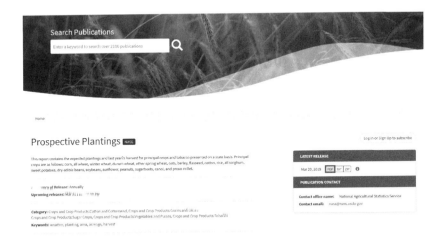

四角枠（PDF）をクリックすると、詳細レポートに飛ぶ。

◆作付け推定調査（Acreage）

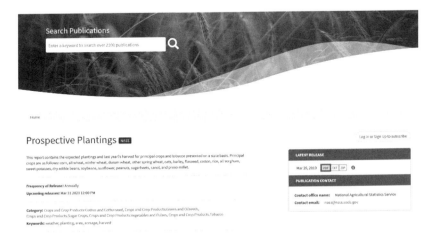

四角枠（PDF）をクリックすると、詳細レポートに飛ぶ。

にその修正が発表されます。6月末のレポートでも一応の数字は出ますが、この時点ではすでに収穫の目前まで生育が進んでいますので修正もほとんどなく、注目されることもありません。

天然ガス市場に
影響を及ぼす材料

　天然ガス市場に影響を及ぼすデータは、残念ながらそれほど多く出ているわけではありません。米エネルギー省情報局（EIA）が発表する天然ガス在庫統計が、唯一の注目すべき材料だと言っても過言ではないでしょう。

1）週間天然ガス在庫統計（Weekly Natural Gas Storage Report）

　天然ガスは気体であるという性質上、簡単に貯蔵できるものではありません。貯蔵というと丸くて大きなガスタンクを想像してしまいますが、実際には古い油田やガス田、炭鉱、岩塩を採掘したあとの地下にある空洞（Salt Cavern）を利用して、そこに貯蔵している場合がほとんどです。エネルギー省はこうした在庫を東部、中西部、南部、ロッキー山脈地帯、西部の5つの地域に分類、それぞれの地域における在庫量を発表しています（毎週木曜の米東部時間10：30に発表）。

　在庫はベースガス（Base Gas）と呼ばれる、空洞の一番底に溜まっていて取り出すことのできないガスの部分と、ワーキングガス（Working Gas）と呼ばれる、実際に取り出して利用することのできる部分とに分かれています。
　重要なのはワーキングガスのほうです。毎週、前週からどの程度在

庫が増加したのか、あるいは減少したのかという点に加え、絶対的な在庫水準に注目が集まります。

　在庫は通常、暖房需要期に入る11月から3月までの間には取り崩しが進み、4月から10月までの間には積み増しが進みます。単位は立方フィートです。週に1,000億立方フィートを超える増減があると、市場も大きく反応することが多いです。また絶対的な在庫水準としては、春先に一番取り崩しの進んだ時点で1兆立方フィートを下回るのか、さらには秋の終わりに3兆立方フィート台後半まで積み増しが進むのかが鍵を握ります。春先に1兆立方フィートを下回ると、その夏の状況次第では次の暖房需要期に需給が逼迫するとの懸念が高まります。一方で秋の終わりに3兆立方フィート台後半や、4兆立方フィート台まで在庫の積み増しが進めば、その冬は在庫が十分にあるとの安心感が高まることになるのです。

2）月間天然ガス生産統計（Gross Withdrawals and Production）

　天然ガスの生産に関しては、あまり多くのデータがないのですが、大きな流れを掴むのであれば、米エネルギー省が毎月末に生産統計を出していますので、それを利用すればよいでしょう。細かな地区別の生産量が発表されますが、発表されるのはその2カ月前の月の生産量（3月末の発表では1月の生産量）なので、データ的にはやや古いという感は否めません。

3）掘削状況報告（Drilling Productivity Report）

　シェールガスの生産に関してなら、掘削状況報告で生産動向を掴むことができます。毎月、その月と翌月の掘削状況と生産見通しが発表

◆週間天然ガス在庫統計（Weekly Natural Gas Storage Report）

‹ SEE ALL NATURAL GAS REPORTS

Weekly Natural Gas Storage Report

for week ending January 31, 2020 | Released: February 6, 2020 at 10:30 a.m. | Next Release: February 13, 2020

Working gas in underground storage, Lower 48 states · Summary text · CSV · JSN

Region	Stocks billion cubic feet (Bcf)				Historical Comparisons			
	01/31/20	01/24/20	net change	implied flow	Year ago (01/31/19)		5-year average (2015-19)	
					Bcf	% change	Bcf	% change
East	598	638	-40	-40	476	25.6	539	10.9
Midwest	725	761	-36	-36	534	35.8	636	14.0
Mountain	136	143	-7	-7	106	28.3	137	-0.7
Pacific	210	210	0	0	173	21.4	228	-7.9
South Central	941	995	-54	-54	703	33.9	869	8.3
Salt	281	297	-16	-16	246	14.2	263	6.8
Nonsalt	660	698	-38	-38	457	44.4	606	8.9
Total	2,609	2,746	-137	-137	1,994	30.8	2,410	8.3

Totals may not equal sum of components because of independent rounding.

More Storage Data

- History
- Five-year averages, maximum, minimum, and year-ago stocks
- more...

References

- Notes and definitions
- Methodology
- Differences between monthly and weekly data
- Revision policy
- Release schedule
- Three region archive files

Summary

Working gas in storage was 2,609 Bcf as of Friday, January 31, 2020, according to EIA estimates. This represents a net decrease of 137 Bcf from the previous week. Stocks were 615 Bcf higher than last year at this time and 199 Bcf above the five-year average of 2,410 Bcf. At 2,609 Bcf, total working gas is within the five-year historical range.

注：原油のところで説明した、EIAアウトルックや稼働リグ数なども参考資料になる

◆掘削状況報告（Drilling Productivity Report）

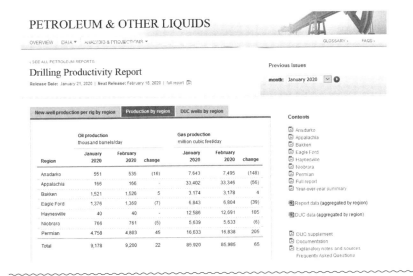

PETROLEUM & OTHER LIQUIDS

OVERVIEW　DATA ▼　ANALYSIS & PROJECTIONS ▼　　　　　GLOSSARY ›　FAQS ›

‹ SEE ALL PETROLEUM REPORTS

Drilling Productivity Report

Release Date: January 21, 2020 | Next Release: February 18, 2020 | full report

Previous Issues

month: January 2020

New-well production per rig by region | **Production by region** | DUC wells by region

Region	Oil production thousand barrels/day			Gas production million cubic feet/day		
	January 2020	February 2020	change	January 2020	February 2020	change
Anadarko	551	535	(16)	7,643	7,495	(148)
Appalachia	166	166	-	33,402	33,346	(56)
Bakken	1,521	1,526	5	3,174	3,178	4
Eagle Ford	1,376	1,369	(7)	6,843	6,804	(39)
Haynesville	40	40	-	12,586	12,691	105
Niobrara	766	761	(5)	5,639	5,633	(6)
Permian	4,758	4,803	45	16,633	16,838	205
Total	9,178	9,200	22	85,920	85,985	65

Contents

- Anadarko
- Appalachia
- Bakken
- Eagle Ford
- Haynesville
- Niobrara
- Permian
- Full report
- Year-over-year summary
- Report data (aggregated by region)
- DUC data (aggregated by region)
- DUC supplement
- Documentation
- Explanatory notes and sources Frequently Asked Questions

されます（毎月第3月曜に発表）。シェールガスの生産動向だけなら
このデータを追いかけていればよいでしょう。

4）各種天気予報

　天然ガスの場合は、なんと言っても冬場の暖房需要の動向に大きく
左右されます。また、夏場も冷房の使用に伴う発電需要は相場に大き
な影響を及ぼします。

　目先の気温が高くなるのか低くなるのか、天気予報のチェックは欠
かせません。米国では米海大気象局（NOAA）が短期、長期の見通
しを出しています。ほかにも、民間の天気予報サービスも数多くあり
ます。毎日の予報に一喜一憂し、それにつれ相場が大きく動くという
のは、日常茶飯事となっています。

コラム：石油在庫統計の詳細について

　本章の117ページで紹介している「石油在庫統計」には、先述した通り、在庫のみならず、石油生産や国内消費、輸入、輸出、製油所の稼働状況など、需給に関するあらゆるデータが含まれています。

　そのため、何も知らずに調べようとすると"迷宮入り"しますので、見ておくべき箇所を紹介します。

　まずは、トップページの以下（四角枠）に注目します。

			Released after		
				10:30 a.m.	1:00 p.m.
Highlights					
	Weekly Petroleum Status Report Highlights			📄 PDF	📄 PDF
	Data Overview (Combined Table 1 and Table 9)			📄 PDF	
Tables					
①	1	U.S. Petroleum Balance Sheet	📄 CSV	📄 XLS	📄 PDF
	2	U.S. Inputs and Production by PAD District	📄 CSV	📄 XLS	📄 PDF
	3	Refiner and Blender Net Production	📄 CSV	📄 XLS	📄 PDF
	4	Stocks of Crude Oil by PAD District, and Stocks of Petroleum Products, U.S. Totals	📄 CSV	📄 XLS	📄 PDF
	5	Stocks of Total Motor Gasoline and Fuel Ethanol by PAD District	📄 CSV	📄 XLS	📄 PDF
	5A	Stocks of Total Motor Gasoline and Fuel Ethanol by PAD District with Total Gasoline by Sub-PADD	📄 CSV	📄 XLS	
	6	Stocks of Distillate, Kerosene-Type Jet Fuel, Residual Fuel Oil, and Propane/Propylene by PAD District	📄 CSV	📄 XLS	📄 PDF
	7	Imports of Crude Oil and Total Products by PAD District	📄 CSV	📄 XLS	📄 PDF
	8	Preliminary Crude Imports by Country of Origin	📄 CSV	📄 XLS	📄 PDF
②	9	U.S. and PAD District Weekly Estimates	📄 CSV	📄 XLS	📄 PDF
	10	U.S. World Crude Oil Prices Discontinued	📄 CSV	📄 XLS	📄 PDF
	11	Spot Prices of Crude Oil, Motor Gasoline, and Heating Oil	📄 CSV	📄 XLS	📄 PDF

①在庫（Ending Stocks）

　153ページの①（Table 1. U.S. Petroleum Balance Sheet）を クリックすると、以下の画面になります。「Petroleum Stocks」 の「Crude Oil」「Total Motor Gasoline」「Distillate Fuel Oil」 などを参照。

Table 1. U.S. Petroleum Balance Sheet, Week Ending 2/7/2020

Petroleum Stocks (Million Barrels)	Current Week	Week Ago			Year Ago		
	2/7/20	1/31/20	Difference	Percent Change	2/8/19	Difference	Percent Change
Crude Oil	1,077.4	1,070.0	7.5	0.7	1,100.0	-22.5	-2.1
Commercial (Excluding SPR)[1]	442.5	435.0	7.5	1.7	450.8	-8.4	-1.9
Strategic Petroleum Reserve (SPR)[2]	635.0	635.0	0.0	0.0	649.1	-14.2	-2.2
Total Motor Gasoline[3]	261.0	261.1	-0.1	0.0	258.3	2.7	1.1
Reformulated	0.1	0.1	0.0	-5.4	0.0	0.0	39.5
Conventional	27.2	27.7	-0.6	-2.0	27.0	0.2	0.6
Blending Components	233.8	233.4	0.5	0.2	231.3	2.6	1.1
Fuel Ethanol	23.4	23.5	-0.1	-0.5	23.5	-0.1	-0.6
Kerosene-Type Jet Fuel	42.9	42.8	0.1	0.4	42.1	0.9	2.0
Distillate Fuel Oil[3]	141.2	143.2	-2.0	-1.4	140.2	1.0	0.7
15 ppm sulfur and Under[3]	126.0	127.5	-1.5	-1.2	123.8	2.2	1.8
> 15 ppm to 500 ppm sulfur	4.4	4.9	-0.5	-10.1	5.1	-0.7	-12.9
> 500 ppm sulfur	10.8	10.8	0.0	-0.4	11.3	-0.6	-5.0
Residual Fuel Oil	30.2	30.9	-0.3	-1.0	30.3	0.1	0.5
Propane/Propylene	77.3	83.4	-6.2	-7.4	58.2	19.1	32.8
Other Oils[4]	273.8	274.7	-0.9	-0.3	262.1	11.7	4.5
Unfinished Oils	90.3	90.8	-0.5	-0.6	88.7	1.6	1.8
Total Stocks (Including SPR)[2,3]	1,928.5	1,929.5	-1.0	-0.0	1,914.7	13.8	0.7
Total Stocks (Excluding SPR)[3]	1,293.5	1,294.5	-1.0	-0.1	1,265.5	28.0	2.2

一部拡大

Table 1. U.S. Petroleum Balance

**Petroleum Stocks
(Million Barrels)**

Crude Oil ....
　Commercial (Excluding SPR)[1]
　Strategic Petroleum Reserve (SPR)[2] ..
Total Motor Gasoline[3] ....
　Reformulated ....
　Conventional ....
　Blending Components ....
Fuel Ethanol ....
Kerosene-Type Jet Fuel ....
Distillate Fuel Oil[3] ....
　15 ppm sulfur and Under[3] ....
　> 15 ppm to 500 ppm sulfur ....
　> 500 ppm sulfur ....
Residual Fuel Oil ....
Propane/Propylene ....
Other Oils[4] ....
　Unfinished Oils ....
Total Stocks (Including SPR)[2,3] ....
Total Stocks (Excluding SPR)[3] ....

②製油所稼働率（Refiner Utilization）

153ページの②（Table 9. U.S. and PAD District Weekly Estimates)をクリックすると、以下の画面になります。「Refiner Inputs and Utilization」の「Percent Utilization」を参照。

Table 9. U.S. and PAD District Weekly Estimates
(Thousand Barrels per Day Except Where Noted)

Product/Region	Current Week 2/7/20	Last Week 1/31/20	Year Ago 2/8/19	2 Years Ago 2/9/18[1]	Four-Week Averages 2/7/20	2/8/19
Crude Oil Production						
Domestic Production[2]	13,000	12,900	11,900	10,271	12,975	11,900
Alaska	487	485	496	519	485	494
Lower 48	12,500	12,400	11,400	9,752	12,475	11,400
Refiner Inputs and Utilization						
Crude Oil Inputs	16,020	15,972	15,768	16,162	16,193	16,478
East Coast (PADD 1)	738	748	849	999	745	929
Midwest (PADD 2)	3,754	3,722	3,454	3,763	3,746	3,785
Gulf Coast (PADD 3)	8,554	8,655	8,555	8,431	8,789	8,741
Rocky Mountain (PADD 4)	635	596	624	665	608	637
West Coast (PADD 5)	2,339	2,251	2,287	2,303	2,306	2,387
Gross Inputs	16,545	16,445	15,989	16,632	16,605	16,724
East Coast (PADD 1)	806	807	853	1,001	789	934
Midwest (PADD 2)	3,779	3,744	3,446	3,746	3,768	3,791
Gulf Coast (PADD 3)	8,960	8,907	8,640	8,740	9,059	8,836
Rocky Mountain (PADD 4)	635	596	622	664	608	635
West Coast (PADD 5)			2,426		2,380	2,528
Operable Capacity[3]	18,808			18,313	18,808	18,800
East Coast (PADD 1)	1,224	1,224	1,224	1,182	1,224	1,224
Midwest (PADD 2)	4,147	4,147	4,094	4,013	4,147	4,094
Gulf Coast (PADD 3)	9,876	9,876	9,765	9,777	9,876	9,765
Rocky Mountain (PADD 4)	687	687	683	650	687	683
West Coast (PADD 5)						
Percent Utilization[4]	88.0	87.4	85.9	89.8	88.3	89.9
East Coast (PADD 1)	65.8	65.9	69.7	84.7	64.5	76.3
Midwest (PADD 2)	91.1	90.3	84.2	93.4	90.9	92.6
Gulf Coast (PADD 3)	90.7	90.2	88.5	89.4	91.7	90.5
Rocky Mountain (PADD 4)	92.5	86.8	91.1	95.8	88.6	92.9
West Coast (PADD 5)	82.3	83.2	86.5	87.1	82.8	89.1
Refiner and Blender Net Inputs						
Motor Gasoline Blending Components	527	727	435	321	440	331
East Coast (PADD 1)	2,291	2,420	2,338	2,253	2,314	2,276
Midwest (PADD 2)	-25	96	190	75	39	27
Gulf Coast (PADD 3)	1,977	1,880	2,265	2,002	1,976	2,045

一部拡大

Percent Utilization[4] ....
　　　　East Coast (PADD 1) ....
　　　　Midwest (PADD 2) ....
　　　　Gulf Coast (PADD 3) ....
　　　　Rocky Mountain (PADD 4) ....
　　　　West Coast (PADD 5) ....

③ 原油生産（Crude Oil Production）

153ページの②（Table 9. U.S. and PAD District Weekly Estimates」をクリックすると、以下の画面になります。「Domestic Production」を参照。

Table 9. U.S. and PAD District Weekly Estimates
(Thousand Barrels per Day Except Where Noted)

Product/Region	Current Week	Last Week	Year Ago	2 Years Ago	Four-Week Averages	
	2/7/20	1/31/20	2/8/19	2/9/18[1]	2/7/20	2/8/19
Crude Oil Production						
Domestic Production[2]	13,000	12,900	11,900	10,271	12,975	11,900
Alaska	487	485	498	519	485	494
Lower 48	12,500	12,400	11,400	9,752	12,475	11,400
Refiner Inputs and Utilization						
Crude Oil Inputs	16,020	15,972	15,768	16,162	16,193	16,478
East Coast (PADD 1)	738	748	849	999	745	929
Midwest (PADD 2)	3,754	3,722	3,454	3,763	3,746	3,785
Gulf Coast (PADD 3)	8,504	8,655	8,555	8,431	8,789	8,741
Rocky Mountain (PADD 4)	635	596	624	665	608	637
West Coast (PADD 5)	2,339	2,251	2,287	2,303	2,306	2,307
Gross Inputs	16,545	16,445	15,989	16,632	16,605	16,724
East Coast (PADD 1)	806	807	853	1,001	789	934
Midwest (PADD 2)	3,779	3,744	3,448	3,748	3,768	3,791
Gulf Coast (PADD 3)	8,960	8,907	8,640	8,740	9,059	8,836
Rocky Mountain (PADD 4)	635	596	622	664	608	635
West Coast (PADD 5)	2,365	2,391	2,426	2,480	2,380	2,528

拡大

Table 9. U.S. and PAD District Weekly Estimates
(Thousand Barrels per Day Except Where Noted)

Product/Region	Current Week
	2/7/20
	Crude Oil Pr
Domestic Production[2]	13,000
Alaska	487
Lower 48	12,500
	Refiner Inputs a

Last Week	Year Ago	2 Years Ago	Four-Week Averages	
1/31/20	2/8/19	2/9/18[1]	2/7/20	2/8/19
Production				
12,900	11,900	10,271	12,975	11,900
485	498	519	485	494
12,400	11,400	9,752	12,475	11,400
and Utilization				

④ 石油製品需要（Product Supplied of Petroleum Products）

153ページの①（Table 1. U.S. Petroleum Balance Sheet）をクリックすると、以下の画面になります。「Petroleum Supply」の「Products Supplied（26）Total」を参照。

Petroleum Supply (Thousand Barrels per Day)	2/7/20	1/31/20	Difference	2/8/19	Difference	2/7/20	2/8/19	Percent Change	2/7/20	2/8/19	Percent Change
Crude Oil Supply											
(1) Domestic Production[5]	13,000	12,900	100	11,900	1,100	12,975	11,900	9.0	12,976	11,884	9.2
(2) Alaska	487	485	2	498	-11	485	494	-1.8	484	497	-2.7
(3) Lower 48	12,500	12,400	100	11,400	1,100	12,475	11,400	9.4	12,476	11,384	9.6
(4) Net Imports (Including SPR)	4,008	3,202	806	3,846	162	3,345	4,854	-31.1	3,310	4,873	-32.1
(5) Imports	6,978	6,615	363	6,210	768	6,671	7,158	-6.8	6,652	7,280	-8.6
(6) Commercial Crude Oil	6,978	6,615	363	6,210	768	6,671	7,158	-6.8	6,652	7,280	-8.6
(7) Imports by SPR	0	0	0	0	0	0	0	0.0	0	0	0.0
(8) Imports into SPR by Others	0	0	0	0	0	0	0	0.0	0	0	0.0
(9) Exports	2,970	3,413	-443	2,364	606	3,327	2,303	44.4	3,342	2,407	38.9
(10) Stock Change (+/build; -/draw)	1,066	479	587	519	547	499	492	--	317	273	--
(11) Commercial Stock Change	1,066	479	587	519	547	499	492	--	317	273	--
(12) SPR Stock Change	0	0	0	0	0	0	0	--	0	0	--
(13) Adjustment[6]	78	349	-271	541	-463	372	216	--	410	217	--
(14) Crude Oil Input to Refineries	16,020	15,972	48	15,768	252	16,193	16,478	-1.7	16,379	16,701	-1.9
Other Supply											
(15) Production	7,120	7,213	-93	6,752	368	7,182	6,768	6.1	7,208	6,794	6.1
(16) Natural Gas Plant Liquids[7]	4,972	5,022	-50	4,571	401	5,009	4,578	9.4	5,011	4,582	9.3
(17) Renewable Fuels/Oxygenate Plant	1,102	1,150	-48	1,128	-26	1,117	1,088	2.7	1,128	1,094	3.1
(18) Fuel Ethanol	1,033	1,081	-48	1,029	4	1,048	1,010	3.8	1,057	1,017	4.0
(19) Other[8]	70	69	0	99	-29	69	78	-11.1	71	78	-9.3
(20) Refinery Processing Gain	1,046	1,041	5	1,053	-7	1,056	1,102	-4.2	1,070	1,117	-4.2
(21) Net Imports[9]	-3,613	-3,152	-461	-3,215	-398	-3,443	-2,958	--	-3,338	-2,828	--
(22) Imports[9]	1,745	2,588	-843	1,962	-217	2,137	2,117	1.0	2,076	2,166	-4.2
(23) Exports[9]	5,358	5,740	-382	5,177	181	5,580	5,076	9.9	5,414	4,994	8.4
(24) Stock Change (+/build; -/draw)[10]	-320	-607	-604	223	-1,625	-599	-310	--	111	142	--
(25) Adjustment[11]	230	196	34	223	7	205	209	--	203	209	--
Products Supplied											
(26) Total[12]	20,968	20,835	133	19,114	1,854	20,736	20,807	-0.3	20,341	20,730	-1.9
(27) Finished Motor Gasoline[13]	8,722	8,933	-211	8,474	248	8,721	8,507	2.5	8,520	8,528	-0.1
(28) Kerosene-Type Jet Fuel	1,664	1,657	8	1,518	146	1,635	1,624	0.7	1,652	1,645	0.4
(29) Distillate Fuel Oil	3,820	4,211	-391	3,767	52	4,080	4,308	-5.3	3,673	4,227	-8.4
(30) Residual Fuel Oil	152	312	-159	147	5	204	192	6.7	263	264	-0.1
(31) Propane/Propylene	2,090	1,242	848	1,375	715	1,550	1,678	-7.6	1,537	1,647	-6.7
(32) Other Oils[14]	4,520	4,481	38	3,556	861	4,488	3,967	13.2	4,315	4,024	7.2
Net Imports of Crude and Petroleum Products											
(33) Total	395	50	345	631	-236	-98	1,896	-105.2	-27	2,045	-101.3

一部拡大

(26)	Total[12]	20,968	20,835
(27)	Finished Motor Gasoline[13]	8,722	8,933
(28)	Kerosene-Type Jet Fuel	1,664	1,657
(29)	Distillate Fuel Oil	3,820	4,211
(30)	Residual Fuel Oil	152	312
(31)	Propane/Propylene	2,090	1,242
(32)	Other Oils[14]	4,520	4,481

⑤ 輸入、輸出（Imports, Exports）

　153ページの①（Table 1. U.S. Petroleum Balance Sheet）を クリックすると、以下の画面になります。「Crude Oil Supply」 の「(5) Imports (Including SPR)」と「(9) Exports」を参照。

Petroleum Supply (Thousand Barrels per Day)	2/7/20	1/31/20	Difference	2/8/19	Difference	2/7/20	2/8/19	Percent Change	2/7/20	2/8/19	Percent Change
Crude Oil Supply											
(1) Domestic Production[5]	13,000	12,900	100	11,900	1,100	12,975	11,900	9.0	12,976	11,884	9.2
(2) Alaska	487	485	2	496	-11	485	494	-1.6	484	497	-2.7
(3) Lower 48	12,500	12,400	100	11,400	1,100	12,475	11,400	9.4	12,476	11,384	9.6
(4) Net Imports(Including SPR)											
(5) Imports	6,978	6,615	363	6,210	768	6,671	7,158	-6.8	6,652	7,280	-8.6
(6) Commercial Crude (SPR)	6,978	6,615									
(7) Imports by SPR	0	0	0	0	0	0	0	--	0	0	0.0
(8) Imports into SPR by Others											
(9) Exports	2,970	3,413	-443	2,364	606	3,327	2,303	44.4	3,342	2,407	38.9
(10) Stock Change (build/draw)											
(11) Commercial Stock Change	1,066	479	587	519	547	499	492	--	317	273	--
(12) SPR Stock Change	0	0	0	0	0	0	0	--	0	0	--
(13) Adjustment[6]	76	349	-271	541	-463	372	216	--	410	217	--
(14) Crude Oil Input to Refineries	16,020	15,972	48	15,768	252	16,193	16,478	-1.7	16,379	16,701	-1.9
Other Supply											
(15) Production	7,120	7,213	-93	6,752	368	7,182	6,768	6.1	7,208	6,794	6.1
(16) Natural Gas Plant Liquids[7]	4,972	5,022	-50	4,571	401	5,009	4,576	9.4	5,011	4,582	9.3
(17) Renewable Fuels/Oxygenate Plant	1,102	1,150	-48	1,128	-26	1,117	1,088	2.7	1,128	1,094	3.1

一部拡大

(5)　　　Imports ．．．．．．．．．．．．．．．．．．．．．

(9)　　　Exports ．．．．．．．．．．．．．．．．．．．．．．

重要コラム：私の情報収集法

　ファンダメンタルズ分析を行うにあたっては、それが商品市場であれ、株式市場であれ、まずは正確で、役に立つ情報を集めることからすべてが始まります。

　有益な情報を十分に集めることができなければ、まともな分析はできないですし、そうした状況で見通しを立てるのは危険極まりない行為だと言っても過言ではないでしょう。

　とはいうものの、「情報を集めることが大切なことはわかるけど、一体どうやって集めたらいいの？」というのが、一般の投資家の皆さんの正直な気持ちではないのかとも思います。

　ここでは、私が実際にどのような形で情報を収集、あるいは不必要な情報を切り捨てているのか、具体的な方法をご紹介することにします。

　こうした情報収集の方法は、人によって千差万別、私の方法が絶対というわけではありませんし、最終的には皆さんが自分に合ったやり方を見つけるのが一番だと思いますが、少しでもそうした方法を見つけるための参考になればよいかと思います。

　一口に情報を集めるといっても、その目的は人によってさまざまです。投資関連の情報に関しては、具体的に次のよう

な目的があると思います。

1）自分以外の人（アナリストなど）の、その市場に対する
　将来の見通しや意見を知る
2）自分以外の人（アナリストなど）の、その市場に関する
　分析方法を知る
3）その市場の変動要因（材料）や、なぜそれで相場が動く
　のかといった基礎的な知識を得る
4）その市場に関して、今どのような材料に注目が集まって
　いるのかを知る
5）現在の注目材料が、日々どのように変化しているのかを
　知る

　まずは自分がどのような目的で情報を集めようとしている
のかを、はっきりさせておく必要があります。
　情報収集には結構な時間と労力が必要ですので、日々の生
活に追われて限られた時間しかないときに、目的から外れた
情報を追いかけることは極力避けるべきでしょう。
　以下、それぞれ解説します。

●

1）自分以外の人（アナリストなど）の、その市場に対する
**　将来の見通しや意見を知る**

　他人の見通しに関しては、まずはその情報を発信している

人がしっかりとした相場観を持っている、信頼できる人であるのかというのが第一です。

　私も他の人のレポートなどには定期的に目を通していますが、まずはそのレポートを書いている人がどの程度の知識を有していて、偏った見方をしていないかを判断するところから始めます。

　相場の見方は人それぞれですので、相場観が自分と同じなのか、反対なのかは関係ありません。特に独立系でなく、どこかのブローカーに所属しているアナリストは、会社の方針の影響を受けて相場観に何らかのバイアスが掛かっている場合も多いので注意が必要です。

　その人の肩書きや、たまたまそのときの見通しが当たったか、外れたかなどは、重要ではありません。あくまでも書いている内容を読んで、「まっとうな分析をしているかどうか」で判断します。そのうえで「この人には信頼が置ける」ということになれば、定期的にレポートを見るようにしますが、その場合でも、「なるほど、そういう考え方もあるのか」という程度にとどめておきます。

　一般の投資家の皆さんで、まだその市場に対する十分な知識がないときには、そうした判断が難しい場合もあるでしょう。そのときには、こうした情報を鵜呑みにすることはお勧めできません。特に偏った見方をする人のレポートばかり読んでいると、相場観も狂ってきますし、自分の分析力や判断力が向上しない恐れもありますから注意が必要です。

2）自分以外の人（アナリストなど）の、その市場に関する　分析方法を知る

　他人の分析方法に関しては、もちろん情報発信者が信頼の置ける人であることが前提ですが、大いに吸収して、参考にすべきです。

　相場では、多くの材料が複雑に絡みあって、ひとつの価格が形成されます。それらをすべて把握することは不可能です。何十年と相場を見続けてきても、材料を見落としていたり、新たに注目を集める材料が出てきたことに気づかなかったりすることは多々あります。他のアナリストがそうした材料（＝自分では気づけなかった材料）に注目していることがわかるだけでも、その情報を読む価値は十分にあります。

　また既知の材料であっても、それに対して別の角度からの分析方法を用いているアナリストがいるならば、やはり参考にするべきでしょう。

3）その市場の変動要因（材料）や、なぜそれで相場が動く　のかといった基礎的な知識を得る

　「基礎的な知識を得る」ことに関しては、本書をよく読んでいただければ、かなりの部分がカバーされると思います。日々流れてくる市場レポートなどで、基礎的な知識まで詳しく解説しているものは少ないでしょう。日々のレポートを読んで不明な点があれば、誰か知っていそうな人に質問するか、

インターネット上で細かく検索を掛けて答えを探り当てるしかありません。そうした地道な努力を続けている間に、徐々に基礎知識は蓄積されていくと思います。

4）その市場に関して、今どのような材料に注目が集まっているのかを知る

「今、どのような材料に注目が集まっているのか」を知ることは、私が一番重要視している部分です。

方法としては、できるだけ多くの情報を収集して、「その中で取り上げられる頻度が徐々に高くなっている材料は何か」を見つけ出すという形になります。

できるだけ多くの情報を集めるのは、なかなか大変な作業ですが、そのときにはやはりツイッターが便利です。世界各国のニュースサイトは、ほとんどがツイッターにヘッドラインを流していますから、それを絶えず眺めるようにしています。

ヘッドラインの中に、頻繁に出てくる単語があれば、その単語をツイッター内で検索して、さらに掘り進めていきます。

言語については、ロシア語やアラビア語などはさすがに無理ですが、英語に近いアルファベットを使用している国のものであれば、「鍵」となる単語が出てくるかどうか程度はわかりますので、とりあえずフォローしておきます。

また、目の前に流れているのは、現在注目を集めている材料でしかありませんが、そこから少し想像力を働かせて、そ

の材料が次にどのような影響を及ぼすのかを予想し、それに関するキーワードも一緒に検索を掛けるようにします。

　もし、それが次に注目を集める材料なのであれば、検索に引っ掛かるヘッドラインの量も増えてくるでしょう。

　こうした手法では当たり外れも多く、結局は何の役にも立たないことも多いのですが、1カ月に1回であっても、2カ月に1回であっても、「キーワードから次に注目を集める材料を知る手掛かりを掴む」ことができれば儲けものというスタンスで考えています。

5）現在の注目材料が、日々どのように変化しているのかを知る

　「注目を集める材料の変化」というのは、例えば、経済指標など各種データの発表であったり、その商品の需給に大きく影響する突発的な事件や事故だったりするわけですが、これらは残念ながら、リアルタイムで常時相場に張り付いている状況でない限り、あまり役には立ちません。

　こうした材料に大きな変化やサプライズがあれば、もちろん値動きにもすぐに反映されますが、そうしたサプライズを追いかけてトレードをするのは、いわゆる日計りの世界です。ファンダメンタルズの分析に基づいて、少し先を見越してトレードをする、先取り投資法の趣旨とも反します。

　サプライズがあることを予想して事前にポジションを取るのが先取り投資法ですから、実際にそうした情報が出た後に

動くことはないのです。強いて言えば、見通しが外れたとき
に損切りするか、大きく利益が出た場合にその利益を確定す
る程度でしょう。

　材料の変化というのは、値動きに直結するがゆえに一番重
要に見えますが、将来の分析においては、意外と重要視され
ないのです。

第**5**章

実際にトレードをしてみよう

～第1節～
相場観をはっきりさせなければ、トレードは始まらない

　本章では、ファンダメンタルズ分析を使って、実際にどのような手順によってトレードを行えば良いのかを、具体的に説明していきたいと思います。

　トレードを始めるに当たっては、まず自身の相場観をはっきりさせる必要があります。相場がどちらのほうに動いていくのか。明確な見通しを持っていなければ、ポジションを持つことはできません。当たり前のことのように思えますが、明確な考え方やシナリオを持たずに、その場の雰囲気や相場の動きに流されて、感覚だけでトレードしている人は意外と多いのです。もちろん、相場観がはっきりしていなくてもうまくいくことはありますし、極論、利益が得られれば何でもよいのでしょう。ただ、長期にわたって安定した成績を残そうと思うのであれば、感覚だけのトレードでは難しいでしょう。

　ファンダメンタルズの分析を通じて明確なシナリオを立てたうえでポジションを作り、予想通りに動けば利益を伸ばし、シナリオが間違っていた場合には速やかに撤退する。これがトレードの基本中の基本です。あとは、それを地道に繰り返していくだけなのです。

～第2節～
相場の見通しを立てる前に確認すべき、3つのポイント

　目先の値動きを予想するといっても、ただ漠然と「上がるだろう」「下がるかな」と考えていてもうまくはいきません。そういう予想の仕方では、どうしても今ある材料に目がいってしまいます。すでに相場に織り込み済みとなっている流れを将来のものとして予想してしまうことが多くなります。

　もちろん、そうした流れがさらに続くこともありますが、それはたまたまそういった状況だったというだけの話。長く続ければ続けるほど、成績は悪くなっていくでしょう。

　予想の基本はあくまでも、「今の材料がこの先どのように変化するのか」と、「次に注目を集めるようになる材料は何なのか」を見極めることなのです。

　そのことを踏まえ、相場の見通しを立てる前に、まずは以下の3つのポイントを確認することが重要になります。

1）現在の相場の方向性
2）足元で注目されている材料は何か
3）将来的に注目を集める材料は何か

1) 予想の基本は、現状把握から

　まずは、以下のように、相場が今どのような状況にあるのかを、把握することから始めましょう。

◎上昇しているのか
◎下落しているのか
◎方向感なく上下動を繰り返す、持ち合い相場なのか。
◎現状の流れが長期間続いているのか
◎現状の流れが短期的なポジション調整の中での動きなのか

　現状を知るためには、過去の価格チャートを見るだけで大丈夫だと思います。そのとき、できるだけ素直にここまでの流れを受け入れる必要があります。

　チャートというのは実に不思議なもので、見る人の見方によって、どのようにでも解釈できるものなのです。例えば、明確に大きなトレンドが出ているときにはそのようなことはないですが、不安定な値動きを繰り返しているときは、見る人によって上昇、下落の判断が割れることもあると思います。あくまでもシンプルに、今の流れを把握することを心掛けてください。

　シンプルに見るためには、場合によっては、テクニカル指標を利用するのもよいでしょう。短期的な値動きのブレを排除し、大きな流れを把握することができる移動平均線や、トレンドの強さを示す種類の指標、例えばディレクショナル・ムーブメント・インデックス（DMI）の方向性指数などは、強力な助っ人になると思います。将来の動きを予想することに関しては意見が分かれますが、少なくとも、現状までの値動きを把握する目的では、テクニカル指標は非常に有効なツールとなります。

2）足元の注目材料は、この先どうなるか

　次に、足元で一番注目を集めている材料は何かを洗い出し、それがこの先、どのように変化していくのかを考えます。

　ここで重要なのは、「この先、その材料が強気の方向に傾いていくのか。それに対して弱気の見方が増えていくのか」を予想することです。現在が強気なのか、弱気なのかはまったく関係ありません。相場は、この先のファンダメンタルズの変化に対して反応します。仮に、現在は強気一色の状況だったとしても、それはここまでの値動き（上昇）にすべて織り込まれているはずですから、この先、徐々に弱気に変化してくるのなら、相場もまた下落に転じるでしょう。

　逆に、さらに強気の方向に変化するのであれば、どんなに買われ過ぎの状態にあったとしても、もっと値を伸ばす可能性は高いと思われます。足元の状況には、決して惑わされないようにしてください。

　今の状況に惑わされることなく、「将来的にどのように変化するのか」を常に意識して材料を見るようにすれば、その取り扱い方や分析方法は自ずと違ってくると思います。変化を予想することもそれほど難しいことではなくなると思います。少し考え方を変えるだけで、すべてが大きく変わってくるものなのです。

　ここで問題なのは、そうした注目材料が複数あるときです。相場はそれほど単純ではありませんから、複数の材料を同時に消化しながら動いていることもよくあります。理想を言えば、すべてを分析してから結論を出せばよいのですが、材料が多くなればなるほど、逆に見通しが立てられなくなる場合がほとんどでしょう。シナリオが複雑になれば、予想が外れたという判断もすぐにはつかなくなり、リスク管理の点でも危険です。どの材料に注目するのかを決めるのも予想のひと

つと割り切って、何かひとつに絞ってください。

　相場が大きく動くときというのは、結局はひとつの材料に大きく反応していることが多いのです。結果的に、もうひとつの材料に注目が集まるようになることもあるでしょうが、それはシナリオが外れたということですから、速やかに相場から撤退すればよいだけの話です。相場分析そのものは、真剣に、そして緻密にやってもやり過ぎることはありませんが、最後の決断はあまり考え込まず、気楽に下してください。悩みに悩み、考えに考え抜いたからといって、その予想が当たるとは限りません。あくまでも勝率は5割が基本、6勝4敗なら御の字なのですから、必要以上に考え込まないことです。

3）次に注目を集める、「金の卵」を発掘しよう

　最後に、「今はそれほど注目を集めていなくても、将来的に値動きの大きな原動力となる材料がないか」を考えます。これは前述の2つのポイントを考えるよりも、経験や知識が少し必要になるかもしれません。

　方法として、「現在あまり注目を集めておらず、時折、専門的なWEBサイトなどに載っている程度のニュースを細かく検索して探し出し、それを追いかけることによって見つけていく」ことが基本になります。経済指標や商品市場ならば、さまざまな機関（第4章参照）から発表されているデータや天気予報を、定点観測することも有効な方法でしょう。

　月に一度くらい見かける程度の小さなニュースが、週に一度は見かけるようになり、さらには大手のニュースサイトや相場関係のコメントなどにも材料として使われるようになれば、こっちのものです。

　もちろん、最後まで場末の小さな材料のまま終わることも多いのですが、ひとつでもはまれば大きな利益につながることが多いだけに、

これは省くことのできない作業です。

　おそらく、最初のうちは何を探せばよいのか、さっぱりわからないという状態から始まると思います。しかし、さまざまな相場関係のコメントなどを参考にしているうちに、徐々にコツが掴めてくると思います（第4章末のコラム参照）。私も自身のWEBサイトでは「これだ！」と思う材料があれば、現時点で注目されている、いないにかかわらず、コメントで取り上げるようにしています。

　具体的には、何か気になる材料やトピックがあれば、定期的にそのキーワードを検索に掛けて、ニュースを探すという作業を繰り返す格好となります。そのときには、日本語だけではなく、英語でも検索してください。世界経済や国際商品に関するものであれば、情報の量が格段に違います。英語は苦手という方でも、今ならグーグルなどの翻訳サービスを使えば、かなりの部分は理解することができるでしょう。私は農産物の分析もするので、コーヒーや砂糖、大豆などの主要生産国であるブラジルの情報は、常に追いかけるようにしています。当然、ポルトガル語のニュースがほとんどになりますが、翻訳サイトを使えばある程度はわかります。実際、翻訳サイトにはずいぶん助けられました。最初は「何が書いてあるのか」、まったくわかりませんでしたが、長年やっていれば、特にポルトガル語の勉強をしなくとも、ある程度は読めるようになるものです。今は農産物にかかわる簡単な文章なら、おかげさまで翻訳にかける必要がなくなるまでになりました。

　これだという材料に目をつけて、ニュースを探しているうちに、言語を問わず、徐々に検索に引っかかる記事が多くなってくればしめたものです。狙いをつけたものがすべてこうなることはありませんが、5回に1回でも、10回に1回でもヒットすれば、それで十分でしょう。

　ときには、いくら探しても次の材料が見当たらないこともありますが、それはそれでオーケーです。新たな材料が出てこなければ、今の相場の流れが継続する可能性が高くなりますから、「（今の流れに）乗

っかったままにする」という選択をするときの重要な判断材料となります。

～第3節～
トレードの前には
具体的なシナリオを必ず作る

　現在の状況をしっかりと把握し、今の材料がどのように変化するのかを考え、次に大きな注目を集めそうな材料を見つけたら、いよいよトレードを開始、オーダーを入れることになります。その前に忘れてはならないのが、「具体的で明確なシナリオを描く」という作業です。

　このときにはもちろん、「タラ、レバ」の予想を行います。「原油価格が騰勢を強めていることから、この先、物価が上がりそうだ」と思ったら、「物価が上がれば金利が上昇、金市場には売り圧力が強まるだろう」といった感じです。物価が上がったら金は下がるだろうということになりますから、金の売りを仕掛けることになります。

　「タラ、レバ」のやり方でシナリオを作る目的は、「予想が外れたとき、そのことをはっきりとさせ、速やかに撤退しやすくすること」にあります。物価が上がらなければシナリオが外れたことになりますので、そのときに金が下落していようが上昇していようが、ポジションはいったん閉じるべきなのです。損失が出ていればもちろんそうすべきですし、良い方向に動いているときでも同様に撤退するべきです。そのときの利益は、神様からの贈り物としてありがたく頂戴しておきましょう。

　一方、シナリオを作るときには、「原油が上昇しているから物価が上がり、金は下落する」というような、必然的なものの見方をしてはい

175

けません。一見すると同じように見えますが、このような決めつけの考えで相場に接すると、シナリオが外れた場合でも「物価が上がらないのは市場が正しい反応をしていないからだ」と、常に自分が正しいという立場でものを見てしまい、撤退の判断を下せなくなるからです。

　何度もお話ししているように、相場の勝率は五分五分で十分、6勝4敗なら御の字です。百発百中で当てることは不可能なのですから「駄目だ」と思ったらすぐに撤退する、冷静な判断が必要になります。

　もちろん、損失が出ていても、もう少し辛抱したほうがよい場合もあります。それはシナリオが当たっているときです。物価が上昇し、金利が上昇する中で、金も上昇しているようなときです。シナリオを作るときに想定していなかったような材料が出て、それで上昇しているのであれば話は別ですが、そうでなければシナリオが当たっているのですから簡単にあきらめる必要はありません。こうした判断を冷静に下すためにも、最初に具体的な、わかりやすいシナリオを作ることが重要になるのです。

　できれば、わかりやすいシナリオを何かの形で文章に残しておくとよいでしょう。例えば、毎日レポートを書くのは大変な作業ですが、ツイッターなどのSNS上で、そのときに思ったことや相場観を小まめに配信する程度なら、それほど負担なくできるでしょう。また、それを後で読み返すような癖をつけておくことも、忘れてはいけません。

　人間の記憶というのはあやふやなものですから、頭の中だけで作業していると、時間の経過とともにシナリオ自体が都合の良い方向に変化してしまう可能性があります。それは危険です。私は毎日レポートを書いていますので、自分のシナリオに対してごまかしは利きません。予想が外れたときには、読者から手厳しい批判を頂戴することもあります。それだけに、シナリオが外れた場合には躊躇なく撤退の判断を

下すことができるのです。

　シナリオを作るときには、もうひとつ重要なことがあります。それは、時間軸を常に意識するということです。いくら相場が上昇するというシナリオを作ってそれが現実のものとなっても、上昇を始めるのが半年後なら何の意味もありません。予想が当たるまでにどこかで大きな損失を出して、相場から撤退しているのが関の山でしょう。シナリオを作るときには、いついつまでにはこうなるという、時間軸を必ず設定してください。

　例えば、前述の「物価が上昇する」というシナリオを作ったならば、それが「いつ市場に認識されるようになるのか」を考えます。米国の物価に関しては、毎月中旬に米労働省から生産者と消費者物価指数が発表されますし、月末には個人消費支出（PCE）という、米国の中央銀行である米連邦準備理事会（FRB）も注目している物価指標が発表されます。インフレが進むというシナリオが当たるのであれば、こうした物価関連指標が予想を上回る伸びとなり、市場もそれに反応する可能性が高くなります。ですから、トレードを仕掛けるのはこうした発表の数日前が理想ということになります。あまり前だと他の要因に振り回されてしまうリスクがありますし、直前ではすでに相場に織り込み済みとなっている可能性があります。最適なタイミングを見出すのはいつの時でも難しいものですが、このように材料が出てくるタイミングが事前にわかっているときには、それを意識するように心掛

けてください。

　もちろん、時間軸が漠然としていて、「いつ、そうした動きが出て
くるのかはよくわからない」というときもあるでしょう。その場合は、
思い立ったが吉日、すぐにポジションを持つようにしてください。み
すみすチャンスを逃すことだけは、避けるべきです。ただし、1カ月、
もしくは、それ以上相場が反応しなければ、一度ポジションを閉じて
シナリオを作り直すようにしてください。

～第5節～
オーダーを入れる前に もう一度、自らの戦略を確認

　足元の相場の流れを把握し、「現在、注目を集めている材料が、この先、どのように変化するのか」を予想し、次に「注目を集める金の卵となる材料を見つけて明確なシナリオを組み立てる」ことができたら、最後は「タイミングを見計らったうえで、いよいよポジションを持つこと」になります。私はここで、今から行おうとしているトレードが合理的で理に適ったものであるかの最終確認をするようにしています。

　しっかりとしたシナリオを作っても、それに沿ったトレードを行わなければ何の意味もありません。信じられないことですが、どこから見ても強気の見通しを立てているにもかかわらず、ショートポジションを作っていることも、実際にはよくあるからです。ポジションを持つまでのプロセスが多くて、大変だと思う人もいるかもしれませんが、大切な自分の財産を相場変動のリスクにさらすわけですから、これくらい慎重になるのは当然でしょう。

　自己のポジションを再確認するためには、次ページで紹介しているようなマトリクス・チャートを使用します。再確認するポイントは以下の3つです。

◎今の相場のトレンドがどうなのか（上昇、下落、もみ合い）
◎足元で注目を集めている材料が「この先どのように変化するのか（強

現在のトレンド：もみ合い

次に注目を集める材料	弱気に変化	変化なし	強気に変化
弱気	レンジブレイクして下落 新規 売り ロング 手仕舞い ショート 維持	もみ合い継続 新規 反発局面あれば売り ロング 縮小 ショート 維持	上昇もレンジ上限で跳ね返される 新規 上値の重さ確認されれば売り ロング 縮小 ショート 一旦縮小
中立（特になし）	弱気だがレンジを抜けるかは微妙 新規 反発局面あれば売り ロング 手仕舞い ショート 維持	もみ合い継続 新規 様子見 ロング 縮小 ショート 縮小	強気だがレンジを抜けるかは微妙 新規 押し目があれば買い ロング 維持 ショート 手仕舞い
強気	下落もレンジ下限が支持線に 新規 下げ止まり確認されれば買い ロング 維持 ショート 縮小	もみ合い継続 新規 押し目があれば買い ロング 維持 ショート 縮小	レンジブレイクして上昇 新規 買い ロング 維持 ショート 手仕舞い

現在のトレンド：上昇

次に注目を集める材料	弱気に変化	変化なし	強気に変化
弱気	流れが下落に転じる可能性高い 新規 リスク取って積極的に売り ロング 手仕舞い ショート 維持	上昇トレンド弱まる 新規 段高の局面では売り ロング 縮小 ショート 維持	上昇継続もボラティリティー高まる 新規 様子見 ロング 縮小 ショート 縮小/維持
中立（特になし）	上昇止まりボラティリティー高まる 新規 一段高の局面では売り ロング 縮小 ショート 手仕舞い	上昇トレンド継続 新規 押し目があれば買い ロング 維持 ショート 手仕舞い	上昇トレンド継続 新規 買い ロング 維持 ショート 手仕舞い
強気	ボラティリティー高まる 新規 大きな押し目は買い ロング 縮小/維持 ショート 手仕舞い	上昇トレンド加速 新規 買い ロング 維持 ショート 手仕舞い	上昇トレンド加速 新規 買い（急激な上昇は警戒） ロング 維持→縮小 ショート 手仕舞い

現在のトレンド：下落

次に注目を集める材料	弱気に変化	変化なし	強気に変化
弱気	下落トレンド加速 新規 売り（急激な下落は警戒） ロング 手仕舞い ショート 維持→縮小	下落トレンド加速 新規 売り ロング 手仕舞い ショート 維持	ボラティリティー高まる 新規 大きな反発局面は売り ロング 手仕舞い ショート 縮小/維持
中立（特になし）	下落トレンド継続 新規 売り ロング 維持 ショート 維持	下落トレンド継続 新規 反発局面あれば売り ロング 手仕舞い ショート 維持	下落止まりボラティリティー高まる 新規 大きな押し目は買い ロング 維持 ショート 縮小
強気	下落継続もボラティリティー高まる 新規 様子見 ロング 縮小/維持 ショート 縮小	下落トレンド弱まる 新規 大きな押し目は買い ロング 維持 ショート 縮小	流れが上昇に転じる可能性高い 新規 リスク取って積極的に売り ロング 手仕舞い ショート 維持

気に変化、弱気に変化、特に変化しない)」
◎注目を集めることになりそうな材料はどのようなものなのか (強気
　材料、弱気材料、中立)

　このとき、3つ目の次に注目を集めることになりそうな材料につい
ては、何も見当たらなければ、中立とすればよいでしょう。
　以上のポイントをはっきりさせてマトリクス・チャートを見れば、
相場見通しと取るべき行動が、一目瞭然になっています。
　例えば、現在のトレンドが上昇、足元の材料は特に変化する感じで
はなく、次の材料が弱気と予想されるなら、「今後、上昇トレンドが
弱まる」と考えることができます。取るべき行動は、新規ならば一段
高の局面で売り、ロングポジションを持っているのなら縮小、ショー
トを持っているのなら、マイナスが出ていても辛抱して維持というこ
とになります。
　また、現在のトレンドが下落で、足元の材料が弱気に変化、次の材
料は特に見当たらないとなれば、「相場は下落トレンドが継続する」
との見通しになります。取るべき行動は新規なら売り、ロングポジシ
ョンは手仕舞い、ショートポジションは維持ということになります。

　以上は、あくまでも一般的なシナリオをベースにしたトレードの指
針です。必ずしも、この通りに行動するべきだというものではありま
せん。そのときどきの状況によって、判断も自ずと変わってくるもの
です。
　しかし、これから仕掛けようとするトレードがマトリクス・チャー
トの示すものからあまりにもかけ離れているようならば、注意が必要
です。そのときは「自分はこれから普通とは違った考え方でポジショ
ンを持つのだ」ということを、しっかりと自覚しておく必要があるで
しょう。

~第6節~
リスク管理は、
すべてのトレードの基本

　どの程度の大きさのポジションを持てばよいのかという、ポジションとリスクの管理についてお話しします。「1回のトレードでどの程度のポジションを持てばよいのか」「相場が反対に動いたときに、どの程度まで損失を許容すればよいのか」については、実際にトレードを行うときには一番重要なポイントとなります。

　ただ、これは同時に、その投資家個人の資金量やリスクに対する考え方、性格などに大きく左右されますので、一概に「こうだ！」と言えるような基準はありません。

　一方で、どのような投資家に対しても当てはまるルールももちろんありますので、ここではそれをご紹介したいと思います。

1）少なくとも3～4回は再チャレンジできる余裕を持つ

　トレードの勝率は五分五分が目標、6勝4敗なら御の字だと何度も書いています。逆に言えば、実行したトレードのうちの半分は負けトレードで、損失を出すことになります。「勝った」「負けた」を交互に繰り返してくれればよいのですが、運悪く、続けてマイナスになってしまうこともよくあります。そうなったときに、すぐにトレードをあきらめてしまうようならば、いつまでたっても良い結末を迎えることはできないでしょう。負けが込むときもあれば、不思議と打つ手打つ

手がすべて当たるときもあるものです。

　重要なのは、相場を張り続けることです。ひとつのトレードで負けが続いたとしても、少なくとも３〜４回は再チャレンジできるだけの資金の余裕は持つようにしましょう。

２）損切りポイントは、できるだけ遠くに置くように

　ファンダメンタルズ・トレーディングは、比較的中長期の値動きを予想してポジションを持つ戦略ですから、短期的には相場が反対に動くことはよくあります。そのときに、損切りポイントを近くに設定すれば、少し損失が出ただけでもストップ・オーダーがヒットしてポジションを手仕舞うことになってしまい、大きな利益をみすみす取り逃がしてしまうことになりかねません。

　損切りポイントは、できるだけ遠くに設定するのが理想です。もちろん、自己の資金量や取ることのできるリスクの大きさとの兼ね合いになります。損切りポイントが近くなってしまうようなら、それは１回のトレーディングでポジションを大きく取り過ぎているということの証明でもあります。ポジションを少し縮小して、その分、損切りポイントを広めに取るようにしましょう。

３）１回のトレードでの損失が、常に一定になるように調整する

　自分が１回のトレードでどの程度のリスクを取ることができるのかがはっきりすれば、それに基づいて手仕舞いのためのストップ・オーダー（逆指し値注文）を設定します。

　ストップ・オーダーとは、事前に決められた価格水準まで相場が動いたときに、マーケット・オーダー（成り行き注文）を自動的に入れる仕組みの注文です。買いのストップ・オーダーは現在の価格よりも

高い水準で、売りのオーダーは低い水準で設定します。

　具体的な例で見ていきましょう。例えば、「この先、金価格が上がる」と予想して、東京金の限日取引を 4,600 円で買ってロングポジションを持ったとします。受け入れられる損失が 200 円の値幅（1 枚あたり 2 万円）だった場合は、4,400 円のところに売りのストップ・オーダーを入れます。残念ながら、相場が逆に動いて損失が出た場合でも、4,400 円まで下がったところで売りの注文を自動的に入れますので、損失は 200 円の値幅分で済むということになります（4,400 円になったところで成り行き注文を出しますので、実際に取引が成立する価格は、ちょうど 4,400 円になるとは限りません）。

　ここで大切なのは、**常に自分の資産に対して一定の割合で、リスクの許容量を設定する**ということです。1 回のトレードで資金量の 5%の損失を許容すると決めれば、常にその割合を守らなければなりません。

　例えば、100 万円を元手に取引するのであれば、5%なら 5 万円です。前述の場合なら、1 枚あたりの損失が最大で 2 万円となる計算ですので、2 枚（合計で 4 万円のリスク）のトレードをすることができます。

　私たちが気をつけるべきは、「複数回トレードをしたとしても、常に同じになるようにする」という点にあります。あるときはポジションを多く持って、あるときは少なくするというのでは、総合的なリスク管理にはなりません。相場観に自信があるときは、どうしてもポジションを大きく取りがちになるものですが、トレードの勝率は 5 割が目標、6 勝 4 敗なら御の字なのです。自信があるからといって、必ず勝てるものとは限りません。そもそも市場はあなたが自信を持っているのかどうかなど、考慮してくれません。

　一方、相場の変動率（ボラティリティー）の変化に対しては、柔軟

に対応する必要があります。ボラティリティーが低いときは200円の値幅でストップを設定すれば十分だったとしても、ボラティリティーが高くなってくれば、200円の値幅ではすぐにストップにヒットしてしまい、トレードが機能しなくなる可能性があります。こういうときは状況に応じて、値幅を広く取ってストップを入れるようにします。

ただし、1回のトレードにおける損失の割合は一定にするというのがルールですから、ストップの値幅を広げた分、ポジションは縮小する必要があります。値幅を300円に広げれば、1枚あたりの損失が3万円、2枚なら6万円と、リスクの許容範囲の5万円を超えてしまうので、入れるオーダーは1枚にするべきです。

本当ならば、損失がちょうど5万円になるように、200円の値幅を取るなら2.5枚（5万円÷2万円）、300円なら1.67枚（5万円÷3万円）のポジションを取りたいところですが、オーダーは1枚単位なので、端数は切り捨てるしかありません。

もちろん、資金量が増えてくれば、こうした問題も解決して、理想的な量のポジションを持つことができるようになります。

～第7節～
ボラティリティーの変化には、テクニカル指標を活用して対応する

　相場の変動率（ボラティリティー）が高まってくればポジションを減らし、ボラティリティーが低く、あまり動きがないときにはやや多めに取るのは、リスク管理の基本の基本です。個人投資家から大手のヘッジファンドに至るまで、この鉄則を崩せば破綻のリスクが高まることになるでしょう。

　ところで、相場が激しく動いている、あるいは動いていないこと自体は感覚的にわかったとしても、具体的に、どのようにポジションを調整すればよいのでしょうか。私はここで、テクニカル指標のひとつであるATR（アベレージ・トゥルー・レンジ）というものを使っています。

　ATRとは、過去の一定期間の値動きの大きさを数値化したものです。私は現在、期間を10日間に設定して使っています。

　ボラティリティーを反映するテクニカル指標としては、文字通りヒストリカル・ボラティリティーというものがあります。こちらは数字がパーセンテージで出てくるので、リスクの許容度を弾き出すのにはさらなる数値計算が必要になります。その点、ATRは値幅で出てくるので、計算がしやすいのです。

　ここではボラティリティーに応じたポジションの量を決めるために指標を使っています。それを用いてトレーディングプログラムを作ろ

うということではないので、その詳しい成り立ちや計算式までは、気にする必要はないでしょう。車を運転するのに、エンジンの詳しい設計図を知らなくてもよいのと同じだと思ってください。要は、それをどのように利用するのかが重要なのです。

　具体的には、ATR が値幅という形で表示されるので、その2倍から3倍までの間で、損切りポイントをまず決定します。例えば、東京金の限日取引を 4,600 円で買って、そのときの ATR が 60 だったとします。ATR の 2.8 倍のところに損切りポイントを置くのであれば、60 × 2.8=168 ですから、4,600 円から 168 円下がったところ、4,432 円に売りのストップ・オーダーを置けばよいでしょう。

　ポジションについては、168 円動けば1枚当たり1万 6,800 円の損失が出るので、1回のトレードで取ることのできるリスク（損失）が5万円だった場合、5万円 ÷ 1万 6,800 円 = 2.97 と、計算上は 2.97 枚持つことになります。この場合はほとんど3に近いので、少しがんばって3枚の買いオーダーを入れればよいでしょう。

　リスクを ATR の何倍にするのかについては、リスクを取って大きく儲けたい人は高めに、あまり大きなリスクを取りたくない人は控えめに、という考え方でよいと思います。一度設定すれば、基本的にコロコロと変えないようにしてください。変えると、リスク管理の意味がなくなってしまいます。

　あとは、ポジションを取って、相場が上昇するのを祈るだけです。うまく上昇してくれれば、トレイリング・ストップを使って、相場の上昇につれて損切りポイントを引き上げていきます。具体的には、一番上がった価格水準から、168 円下がったところが損切りポイントになります。仮に、相場が 4,850 円まで上がったとしたら、新たな損切りポイントは 4,682 円（4,850 円 − 168 円）です。そこまで売りに押し戻されたとしても、82 円分の利益は確保できることになります。

第**6**章

すべての市場はつながっている

～第1節～
市場は思いもよらないところで 影響を及ぼし合っている

　ここまでは、それぞれの市場におけるファンダメンタルズの分析方法や、それを基にどのような戦略でトレードを行えばよいのかを中心に話をしてきましたが、もちろん、マーケットの魅力はそれだけではありません。市場はお互いにさまざまな影響を及ぼし合っており、そこからまた新たな利益のチャンスが生まれてくることもあるのです。

　本章ではそうした各市場の間の相関関係について、説明したいと思います。

　それぞれの市場は、独自の材料だけでてんでバラバラに動いているわけではありません。それぞれの市場が陰に陽に、さまざまな影響を及ぼし合って動いています。為替市場におけるドルの値動きが、金をはじめとした商品市場に大きな影響を及ぼすのは広く知れ渡っていますし、その根源には長期金利の変動があります。

　また、原油相場が大きく動くときには、商品市場のみならず、株式などの金融市場もそれに振り回されることもあります。ひとつひとつ例を挙げていきましょう。

1）金利が動くときは、大相場の始まり

　金利、特に長期金利の動向は、すべての相場の根源となっていると

言っても過言ではないでしょう。もちろん金利が動かなくても、他の材料を手掛かりに市場が大きく動くことがありますが、金利に大きな変化が見られるときには、後々ほぼすべての市場が影響を受けることになるでしょう。基本的に金利が上昇するときは、株式市場や商品市場にとっては弱気、ドルには強気となり、金利低下局面ではその逆の流れになります。

　ただし、金利が足元の経済状況を反映して、穏やかに変化するときにはこの限りではありません。景気が回復基調にあるときは金利が上昇しますが、緩慢なペースで上昇が続いているのであれば、問題ありません。株式市場も景気回復のほうをより大きく材料視する形で、上昇を続けることになるでしょう。これは、良い金利の上昇ということになります。

　問題は上昇のペースが目に見えて速まったときです。このケースでは、株式市場に大幅な調整をもたらすこともしばしばあります。米国の金利が上昇基調を強めるなら、ドル建てのものがほとんどの国際商品市場には弱気に作用しますし、為替市場では各国の金利差に注目が集まっているのであれば、ドル高が進むことになります。

　金利（債券）市場は、参加者のほとんどが機関投資家や金融機関ということもあり、比較的ファンダメンタルズを素直に反映した方向に進むことが多いとされています。材料の分析は確かに難しいですが、テクニカルな動きに振り回されることが少ないので、流れは比較的掴みやすいと思います。金利が動き始めたら、すべての市場において情報収集のアンテナの感度を上げる必要があるでしょう。

２）ドル建ての国際商品市場は、ドル高に弱い

　ドルを中心とした為替市場の動きも、他の市場に大きな影響を及ぼします。特にドル建ての国際商品は、ドル高が進む局面では途端に上値が重くなります。理屈から言えば、国際商品なので、ドル高が進めば米国以外の消費国にとっては価格が割高になり、需要が鈍るというところなのでしょう。ただ、そうしたものを抜きにしても、ドルが動けばひとまずそれには反応しようというパターンが確立されているというのが実際のところでしょう。

　基本的には、インターコンチネンタル取引所（ICE）が発表しているドル総合指数（ドル・インデックス）という、ユーロを中心とした対主要通貨でのドルの動きを指数化したものに市場が反応する場合が多いです。あるいは、商品市場でその産地に偏りがあるものは、ある特定の通貨ペアに反応することもあります。

　例えば、北海ブレント原油は、英ポンド／ドルの動きにより大きく反応することが多いですし、大豆や砂糖、コーヒー市場は、主要産地であるブラジル・レアルの値動きに振り回されます。金市場を見るときには、主要消費国であるインド・ルピーの値動きも押さえておいたほうがよいでしょう。相関関係はかなり低く、ルピー相場で金が動くことはあまりないですが、大まかな現物市場における需要動向を掴むのには役立ちます。

３）エタノール市場は、目立たないながらも影響が大きい

　一般にはほとんど知られていませんが、工業用エタノールの価格が商品市場に及ぼす影響も無視することはできません。一昔前までは、まったく注目されることのなかったエタノールですが、さまざまな技

192

術の進歩によって無視できない存在になってきました。

　供給面では、砂糖きびやコーンに対する影響が大きいです。その昔は植物からエタノールを低コストで生産することは不可能でしたが、技術の進歩によってまず砂糖きびからの生産が可能になりました。その後、コーンからの生産もコストに見合うようになったあたりから、商品市場への影響も大きくなってきました。今は小麦や米、キャッサバとよばれる植物の葉や、バガスとよばれる砂糖きびの搾り粕などからの生産も行われるようになっています。バイオ燃料ブームに乗ったことも、注目を集めるのには大きな助けとなりました。その点では大豆油との関連性も無視できないでしょう。

　需要面では、エタノールを混入したガソリンを自動車の燃料として使用できるようになったことが大きいです。その昔はエタノールを混入したガソリンではエンジンを傷めてしまうほか、仮に使用できてもガソリンに比べると燃焼効率が劣りエンジンの性能に影響するため、積極的に実用化する動きは見られませんでした。ところが、こちらも技術の発達に伴い、エタノールの使用が目に見えて増加してきたのです。今ではブラジルの自動車市場では、ガソリンとエタノールを併用できるフレックス車の販売が9割近くを占めています。また、米国でもオバマ政権下でエタノールをはじめとした再生可能燃料の推進策が打ち出され、使用義務が設定されたことによって、エタノールに対する需要が急速に増加しています。

　このように、供給面では砂糖とコーンを中心に、小麦や大豆油も含めて生産が競合、需要面でもガソリンとのコスト面での競合があるという、エタノール市場を睨んで、主な商品市場が軒並み影響を受けるという状況が出来上がったのです。この傾向は今後も続きますから、

エタノールやバイオ燃料という言葉を聞いたときに、原油やガソリン、コーン、砂糖、大豆市場などがパッと頭に浮かぶようにアンテナを張り巡らせておけば、意外なチャンスを見つけることができるかもしれません。

～第2節～
せっかちに見える市場でも、反応が遅いことは意外に多い

　市場はとにかくせっかちで、ひとつの材料に注目が集まり始めると、それをドンドン先取りする形で動くようになります。特に最近は、アルゴリズム・トレーディングと称したコンピューターを使ったトレードで、ニュースのヘッドラインにコンピューターがコンマ数秒の速さで反応、大量のトレードを自動で行うようになっていますから、ファンダメンタルズを中心とした分析でトレードをしている人間がついていくことはできなくなっています。

　もっともこうした動きは、多くの人の関心が集まっているごく一部の材料や、それに大きく影響される市場に限定されていることも事実です。値動きが派手になるので注目も集まりやすく、また、そうした大きな動きに乗っかろうという参加者も出てくるので、さらに動きが活発になります。
　一方で、注目はされていないものの、中長期的な視点ではかなり重要な材料が他にあることが多いのも事実です。

　コンピューターを駆使した自動売買といっても、そのアルゴリズム（プログラム）を組むのは人間です。当然ながら、「どのような材料に大きく反応させるのか」は、アルゴリズムを組む人間の判断に掛かってきます。現時点でそうした人々の関心が集まっていない材料に関し

ては、何かサプライズがあっても市場も大きくは反応しません。もちろん、材料という材料すべてに対して反応するように、アルゴリズムを組むこともできるでしょうが、そうすると無駄なトレードが過剰になってしまい、パフォーマンスが落ちる恐れもあります。実際にはある程度材料を絞ってアルゴリズムを組む場合が多いのです。言い換えれば、「どの材料により大きく反応させるのか」で、そのシステムの成績が決まってしまうのです。

　もちろん、市場がどの材料を重要視するのかは、時間とともに変化していきます。これまで相場を大きく動かしていた材料の影響力が、ある日突然低下することもあれば、どちらかというと無視されていた材料に急に注目が集まるようになることもあります。そして、ヘッドラインにはコンマ数秒で反応するアルゴリズムも、こうした大きな流れの中での変化に対する反応には意外と鈍いことが多いのです。アルゴリズムが次の材料にしっかりと反応するまでに、少なくとも数日の時間的なギャップがあると見てよいでしょう。

　そうした注目される材料によって変化が生じるような局面では、機械よりも人間の反応のほうが速くなることも十分にあり得るのです。

　ここで一番重要になるのが、「普段からファンダメンタルズをきちんと分析し、相場観をしっかりと持ったうえで、小さな変化も見逃さない」という姿勢なのです。「相場を追いかけるのではなく、待ち伏せしよう」というのは、アルゴリズムやコンピューターよりも素早いトレードを意味するのではなく、こうした微妙な変化を先取りし、あとからアルゴリズムが追いかけてくるので、それを味方につけようということなのです。

　「これだ！」という材料が出てきたときでも、市場の反応が意外に鈍く、肩透かしを食らった気になることはよくあります。そのときは

自分の判断が間違っていて、その材料はそれほど重要ではないのか、あるいは他の多数の人がまだその重要性に気がついていないだけなのかのどちらかです。前者であればどうしようもないですが、後者の場合は「肩透かし感」は、次の大きなチャンスにつながることが多いのです。

　もちろん、自分だけが先行して動くのは勇気がいることですし、間違っていた場合のリスクもありますが、そうした状況下で躊躇なくリスクを取り、行動することができるかどうかが、後々の成績を左右することになるでしょう。

～第3節～
商品への投資を有効に活用しないと大きなチャンスを失う

　チャンスをしっかりと掴むためにも、日々の地道なファンダメンタルズ分析は欠かすことができません。ファンダメンタルズの分析は、毎日のトレードの成績を上げるためではなく、年に数回あるかないかという、大きなチャンスを事前に掴むために行っている、と言っても過言ではないのです。

　特に商品市場は株式市場に先行して動くことも多く、セクターによっては影響力も思った以上に大きいので、「商品のファンダメンタルズの分析をすることで株式市場の流れを把握する」という意味では極めて有効なのです。

　私自身は商品市場が専門なので、そうした漠然とした思いはありながらも、具体的に商品ファンダメンタルズの分析を、どのように株式投資に応用すればよいかのアイデアはあまり持っていませんでした。

　しかし今回、共同執筆している東条さんと出会い、そうしたアイデアについての話をいろいろと聞いているうちに、商品ファンダメンタルズを使った株式市場への投資方法は、これまであまり注目されていなかっただけで、かなり有効なものになると確信するに至ったのです。

　もちろん、株式市場も商品市場も、すべてを完璧に理解して分析できればよいのでしょうが、言うまでもなく、市場の性格も分析方法も、両者の間で共通するものは少ないです。よほどの天才でもない限り、

ひとりの人間がすべてを把握することは不可能だと思います。株式と商品の専門家がしっかりと手を組むことでしか、こうした新たなアイデアが生まれてくることはなかったでしょう。これは私にとってもまだまだ未知の世界です。この先、株式とのコラボレーションを進めていくことによって、さまざまな新しいアイデアが生まれてきそうな気がしています。

　株式投資家の中には、「よくわからないから」という理由で商品市場を敬遠している人は多いと思います。でも、それでは大きなチャンスをみすみす逃してしまうことになりかねません。そう言っている株式投資家も、最初の株を買ったときには株式市場のことをよくわかっていなかったのではないでしょうか。商品市場はそれほど複雑怪奇というわけではありません。むしろ、ファンダメンタルズに素直に反応することが多い、わかりやすい市場です。

　もちろん、こうした本を読んだり、商品の専門家の話を聞いたりしただけでも、かなりの効果はあるかもしれませんが、商品市場の本質を掴むには、やはり実際に投資をしてみるのが一番です。無理のない範囲で商品市場に投資し、市場と関わりを持つことで理解も深まります。株式投資のパフォーマンスを向上させるためにも、ぜひ一度商品市場にも参加し、これまでご紹介したアイデアを実践してみてください。

第2部

株式市場への活用編

.

第**1**章

米国の商品市場の情報を
日本の株式投資に生かしましょう

株式市場には、さまざまな投資方法があります。ざっと考えただけでも、次のようなものが挙げられるでしょう。

◎配当や株主優待取得を目的とする投資
◎ IPO（新規公開株）
◎高成長企業が多いことから、大きくリターンが得られる可能性があることで人気のある小型株投資
◎毎月決まった金額を投資に充てる積み立て型投資
◎企業業績を予測し優良企業に投資するファンダメンタル投資
◎テクニカル投資
◎バリュー株（割安株）投資
◎グロース株（成長株）投資

　どの投資方法を選択するかは、どのような時間軸（短期・中期・長期）を用いて、どの程度のリスクを取り、どの程度のリターンを目標に投資を行うかによって変わってくると思います。
　来るか来ないかわからない上昇局面や下落局面を、含み損を抱えながらいつまでも待つことは、精神面で大きな打撃を受ける可能性があります。
　相場は、投資家の都合では動いてくれません。ですから、まずは相場の流れに乗ることが重要です。流れに乗ることが継続的な利益を出すことにつながるからです。さらには、精神的な安定ももたらしてくれます。最終的には、投資を続けるうえでもっとも大切だとされる「リスク管理」にまで影響を与えることになるでしょう。
　しかし、流れに乗るとは言っても、相場の方向感を掴むのは本当に大変なことです。事実、時間軸も関係してくるからなのか、アナリストやストラテジストの解説を聞いていても、人によって感じ方はまったく異なります。

このような状況ですから、私たち投資家側に至っては、「何を見ればよいのか。何を聞いたらよいのか。まったくわからない」という人も多いのではないでしょうか。

　私（東条）自身の株式投資歴は長いです。IT バブルを経験した後、リーマンショックやライブドアショック、東日本大震災などが起こったときでも、運良くポジションを持っていなかったため、大きな痛手を受けることなく投資を続けることができました。
　ところが、アベノミクスへの期待が強く、日本の株式市場が活況を呈していたときのこと。業績期待も高く、日本の技術力の高さから連日のように強さを見せていた「【7261】マツダ」を買い集めていたところ、2013 年 5 月 23 日の後場、それまでの急ピッチな上昇の反動で売りが殺到したことによってサーキットブレーカーが発動……。あっという間に大きな含み損を抱えることになってしまいました。

◆マツダのチャート

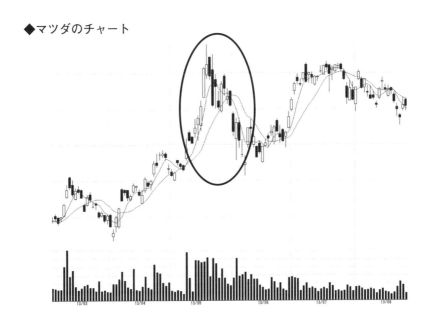

含み損の額が大き過ぎたこともあり、損切りすることもできずにいたのですが、業績期待もあってか、その後、半年で含み益が出るまでに戻してくれました。今思えば、本当に運が良かっただけだったのでしょう。

　この事件以来、私は方向感の見定め方、そして、相場の流れを掴むために、ありとあらゆる研究を重ね、実践してきました。
　まずは、アナリストやストラテジストのように、自分自身でも相場の状況を把握できるようにしたいと考え、アナリストやストラテジストの方々の話している内容を、日々、アナリスト別に記録し始めました。この作業によって気づいたのは、「時間軸の取り方や、重点を置いている部分によって、解説内容が違ってくる」ということです。
　サーキットブレーカーに巻き込まれた経験を経て「個別銘柄そのものよりも全体相場の流れが重要だ」と考えるようになった私にとって、私の見ている時間軸で相場全体の流れを解説し、かつ、その指摘が的確だと感じたのが、今回共同で執筆をすることになった『よそうかい.com』の松本英毅氏でした。
　松本氏は米国・ニューヨークを拠点に活動し、金融・商品情報を提供していますが、分析の中心は商品市場です。にもかかわらず、なぜ米国株式市場の相場の方向感を見定めることに長けているのか、私はその秘密が知りたいと考えました。以来、商品市場と株式市場の流れの両方を見るように心がけました。試行錯誤を繰り返す中で、最終的にたどり着いたのが、現在の私が実践している、需給を見ながら『安定的にリターンを得る』という投資方法です。
　特に、米国の商品市場の流れや反応を追い掛けることは、自分なりの相場の方向感を掴むことにつながりました。さらには、商品価格の影響を受けると思われる銘柄を取引することで、株式投資の勝率も劇的に上がるようになったのです。

商品市場を見たうえで株式投資の勝率を上げるということ自体は、実はクォンタム・ファンドが実証しているものなのかもしれません。1973年に商品畑出身のジム・ロジャーズ氏がジョージ・ソロス氏と設立したファンドは、10年間でNYダウが20%上昇する間に、3365%のリターンを弾き出しています。そのときのジム・ロジャーズ氏の役割はアナリストで、実際のトレードはジョージ・ソロス氏が行っていたと言われています。

　現在の私の投資スタイルは、保有期間が1週間から3カ月程度までのスイング取引です。対象は東証一部銘柄に絞ったうえで、マーケットの需要を見るという内容です。もう少し言うと、資金が集まりそうな業種の銘柄を取引するだけです。

　決算書をまったく見ないわけではありませんが、企業業績を細かくチェックすることは、ほぼありません。
　基本的には、遅くとも決算発表の1週間前には、個別銘柄については利益確定するようにしています。決算をまたいでポジションを持つ、いわゆる決算マタギはしません（ただし、商品価格の変動による影響を織り込んでいない動きをしているときには、その限りではありません）。需給の流れに沿いつつ、商品価格の変動の影響を見据えた取引をすることが、負けにくいトレードにつながっているのだと思います。

　以前は、自分なりに企業分析を行い、「業績が良さそうだ」という理由のみで買い、もしくは「業績が悪そうだ」という理由のみで信用売り（空売り）をしていたこともありました。しかし、それが必ずしも成功したとは言えません。全体相場の流れに踊らされて、数カ月にわたって含み損を抱えたこともあれば、ナンピンを繰り返したこともありました。

実際に、業績は悪くなく、相場全体の流れに右往左往させられたケースでは、いったんは含み損を抱えたとしても、その後、買った銘柄の業種に資金が流入してくると、含み益の出るまでに回復してくれた経験が何度もありました。

　ただ、それでも利益になるまでに多くの時間を要するなど、効率は決して良くありませんでした。そもそも、株価回復という同じミラクルが、何度も起きるとは限らないでしょう。

　企業業績はもちろん大切な要素ですし、テクニカルな手法が通用する相場も、もちろんあるでしょう。しかし、全体の大きな流れに乗るという私のトレード手法は、株価が２倍３倍になるほどの期待はないものの、下げ相場の中で上がっていく銘柄を探すよりも、ずっと簡単で安定したリターンを得られると考えています。

　業種ごとの騰落傾向を掴むことも、勝率アップには欠かせません。巷には株価などの情報を配信しているサイトが数多くあります。業種ごとの値上がり＆値下がりのランキングなども、日々、さまざまなところで確認することができます。そういう情報を欠かさず見ていると、「基本的に、同業種の銘柄は、値幅に関しては差があるものの、往々にして同じ方向に動くことが多い」という現象が見て取れるようになります。

　それは、市場が「そのときに何を見て、どのような材料を元に判断しているのか」、また「市場の期待がどのようなものに集まっているのか」を反映したものだからだと思います。そうした傾向を見つけることができれば、全体相場の流れに乗りやすくなります。利益の幅もグッと広がります。

　全体の流れに沿った取引を進めるうえで、もうひとつ大切なのが、東証一部銘柄に絞った取引をすることです。東証一部の大型株は、個人投資家の方からすると、「大きなリターンが得られない」「海外勢に

振り回される」などのイメージがあるかもしれません。しかし、それは逆に言えば、全体の流れを掴むことができるのであれば、その流れに追随しやすい銘柄であることも意味するのです。

　株数や出来高も多く、よほどのことがない限り、いつでも損切りできますし、いつでも売買枚数を増やせます。投資資金が増えれば増えるほど、取引しやすい銘柄群ということになります。

　これまでのところ、私はこうした方法で継続的な利益を出すことに成功しています。この本では、経済の勉強を特にしたこともない人間が、投資情報サイトに記事を執筆するまで独自で市況判断ができるようになった方法を、詳しく説明しようと思います。そうした方法を伝えることで、投資家の皆さんの投資判断のお役に立てることができれば幸いです。

第**2**章

商品市場を正しく理解することが、株式投資の勝率アップにつながる

全体の流れに付いていくことが、株式投資の勝率をアップさせる

　株式投資を行うにあたって、相場全体の流れに付いていくことは非常に重要です。大きな流れに沿って売買を行っている限り（全体が下落基調時には売り、上昇基調時には買い）、投資で負けにくくなると言っても過言ではないでしょう。

　上昇相場のときには、その業種を後押しするプラス要因を見つけることができれば、一般的に「値動きが緩慢」と言われる"東証一部銘柄"に投資したとしても、それなりのリターンが得られます。

　下げ相場のときには、その業種を下押しする悪い要因を見つけることができれば、信用売り（空売り）で同様のリターンを確保することができます。

　私は、こうした相場全体の流れについても、業種の選別についても、商品市場、特に米国の商品市場が多くのヒントを与えてくれると考えています。

　では、業種の選別をするにあたって、「一体、何を見ればよいのでしょうか？　王道的なところでいうと、為替や金利（債券）の動向が挙げられます。まずは、この2つについて、簡単に説明します。

1）為替について

　ドル高・円安となれば、海外に輸出して利益を上げている外需銘柄

（自動車・電機・精密機器・機械などの業種）は、「円が安くなった分だけ海外で販売している商品の利益が増加する」との期待が出てくることになるでしょう。また、円安によって世界市場での値下げ余地が広がることから「販売しやすくなる」との見方が強気に作用することも考えられます。

　一方、ドル安・円高となれば、「海外から原材料等を輸入し、日本国内で利益を上げる内需銘柄（食料品・紙・パルプ業・空運やサービス業の旅行に関係する企業）にとっては好条件になる」と、一般的に言われています。

2）金利について

　金利が下がれば、金利敏感セクター［不動産・その他金融（ノンバンク）・電力・瓦斯］が物色されやすくなります。

　逆に、金利が上昇すれば、「貸出利ざやが拡大し、利益が拡大する」との見方から、銀行セクターに買いが集まりやすくなります。運用利回りの改善期待から、保険セクターにも注目が集まります。

　このような特徴をしっかりと把握しているだけでも、全体の流れを掴むときにはかなり有利になります。

　ただ私は、為替と金利の動向だけでは足りないと考えています。答えを先にいうと、商品市場の動向もプラスしてほしいのです。商品市場の動向を見ることができれば、次に資金が集まりやすくなる業種の選別がしやすくなるからです。

　私の考える商品とは、基本的に B to B（Business to Business）で扱われるもの、あるいは国営企業などを通じて国際的に取引されるものを意味します。そうした商品を買う企業にとっては、その価格は仕

入れのコストに直結します。国が購入したものであっても、それを民間企業に売却し、購入した企業がそれを製品にして販売するわけですから、商品価格の変動によって仕入れを圧迫する可能性もあれば、原価を抑えることにつながることもあります。こうした商品価格の変動は、企業運営の根幹につながることが多いと思うのです。

また、原油や非鉄、鉄鋼、アルミなどの素材分野に関しては、商品価格が上昇するにつれて販売価格も上昇しますから、売り上げが大きく伸びる可能性があります。逆に、商品価格が下がる場合には、販売価格も低下、売り上げの減少につながる恐れが高まることになります。

米国市場で取引されている商品ならば、毎日、その価格を確認することができます。決算ごとに確認するなど、時間軸を決めて価格動向を見ることで、その商品（素材）を扱う企業の業績も予測しやすくなるでしょう。

また、商品の在庫状況やその推移を追うことは、米国や中国といった主要国の景気動向を予測できる手段のひとつと考えることもできるのではないでしょうか。

このように、商品市場を理解できるようになると、相場全体の流れを掴めるようになるだけではなく、業績に期待が持てる業種まで見えてくるようになると、私は考えているのです。

　ここからは、株式投資をするにあたって知っておくべき「商品市場の特徴と基礎知識」について紹介します。

1）米国は今では立派な産油国

　「米国が産油国」と聞いて、「本当なの？」と感じる人は多いと思います。

　米国の石油生産量は1990年代の後半から2000年代にかけて、かなりの期間、日量500万バレル台での推移していましたが、2010年代に入るとシェール・オイルの開発が進むにつれて増加基調が強まり、2018年には日量1,100万バレル台と、ロシアやサウジアラビアを上回るまでに至りました。規制の緩和によって石油輸出も増加、いまや米国は立派な産油国と位置づけられるようになっています。

　このことは、他の産油国同様、「原油価格の上下が米経済を左右するようになってきた」ことを示します。米国の石油輸入への依存度が高かったときは、原油価格の上昇はコストの増加を意味していましたが、今では原油価格が上昇すれば米国経済にとってプラス、下落すればマイナスに寄与するという判断になるでしょう。

　2016年にWTI原油価格が20ドル台まで下がったときには、「原油価格が下がることは日本企業にはプラスだ」との声も聞かれましたが、

チャートを見ればわかる通り、米国市場の低迷とともに日経平均株価も上値の重い展開が続きました。

世界が注目する米国経済を見るうえで、WTI原油価格の方向感を見ることは非常に重要です。大きな流れに沿った投資を行うにあたって、たくさんのヒントをくれるからです。商品市場は世界各国の投資家が共通して見る市場ですから、世界の人々が景気をどのように見ているかを知るための判断材料にもなるのです。

このようなことが、WTI原油価格が時に『景気先行指数』とも呼ばれることの所以なのかもしれません。

一方で、原油市場の需給の変化には季節性があります。季節性によって、WTI原油価格が上がりやすかったり、下がりやすかったりする傾向があるのです。

この季節性は、株式市場が買われやすい時期、売られやすい時期といったアノマリーに通じるところもあるでしょう。

株式市場のアノマリーが通用する年なのか、そうでない年なのかを見極めるときにも、原油の需要と供給の関係が、大きなヒントを与えてくれることになりそうです。例えば、株式市場で言うところの、『年末高』や『節分天井彼岸底』などのアノマリーについては、原油の季節特有の動きで見ると以下が当てはまります。

◎ 12 月
　年末までの製油所の税金対策として、米国内の在庫が減少しやすい
◎ 3 月後半〜 4 月
　米国で 5 月末から始まるドライブシーズンを控え、ガソリンの需
　要増に対する期待が高まりやすい

このような需給要因から、この時期の WTI 原油価格は上がりやす

い傾向にあること、さらに、その動きは株価上昇のアノマリーとほぼ一致していることが見て取れます。景気動向に左右される原油価格だけに、需給逼迫との見方が台頭するなら、『景気回復期待』も浮上してくることになるでしょう。例年通り12月や3月に原油市場に買いが入り始めるなら、『年末高』や『彼岸底（3月中旬に安値をつける）』のアノマリーが株式市場でも有効になるというわけです。

　このように、原油の季節特有の動きや、米エネルギー省から毎週発表される在庫統計推移を確認することで、アノマリーに基づいた投資の勝率も上げやすくなると考えています。

2）中国はコモディティ消費のトップの国

　2015年6月〜7月の上海株下落、2017年3月〜10月の中国株式市場の上昇、2018年の米中貿易摩擦懸念による中国市場の急落は、いずれも日本の株式市場に大きな影響を及ぼすことになりました。日本企業の中には、中国での売上比率の高いものも多くありますから、中国の景気減速に対する懸念はそういう企業への業績不安につながるからです。

　一方、中国景気が好調であれば、それらの企業の業績期待が高まることになります。

　中国の景気が良いのか、それとも悪いのかについて、中国の経済指標を見ることは、もちろん欠かせません。しかし、残念なことに、中国政府から発表されるデータの信憑性の低さも否めないのです。

　では、どうするのか。中国の景気動向を見るときにも、商品市場の動向を大事な判断材料にするのです。

　中国は、言わずと知れた、商品消費のトップの国です。非鉄は中国

が世界需要の6割を占めると言われています。穀物に関しては世界消費上位10カ国に占める割合が2割～3割に達しています。2017年の調べによると、中国の人口は13億8,639万人。世界一人口の多い国であり、3位の米国3億2571万人の4倍強、11位の日本1億2678万人の約12倍にもなります。14億人弱の国民が消費するだけに、その資源（商品）に対する需要も相当なものになります。同国の消費動向は、中国経済の強さをそのまま反映していると言っても過言ではないでしょう。中国がどれだけの穀物を輸入するのか、それによって世界市場の需給バランスがどのように変化し、穀物相場に影響を及ぼすのかを見ることは、中国の消費、ひいては景気動向を判断するうえでの重要なヒントとなるのです。

　例えば、中国の消費が落ち込む、あるいは落ち込む懸念が出れば、そうした懸念が払拭されるまで商品価格の下落は続きます。逆に、需給が逼迫するとの見通しが強まれば、新たな悪材料が出るまで商品価格は上昇基調を維持しやすいのです。

　中国の経済状況を表す商品は、その年によって変わってきますが、一度方向感が出ると、その方向に動き続ける傾向があります。毎年1月～3月ごろに、どの商品が中国株式市場と連動性が高いかを見極め、その商品市場の値動きを追いかけることで、その年1年間の中国景気の方向性が見えてくると思います。

3）株式市場よりも商品市場のほうが先に動くケースが多い

　商品相場は、基本的には、独自の需給（在庫推移など）につれて動くか、マクロ経済に連動するかのどちらかだと考えます。

　ただ、難しいことに、需給やマクロ要因に沿って順調に動いている商品市場が、突如として、方向転換することがあります。

私たち投資家は、その方向転換を、指をくわえて見ていてはいけません。上手に利用して利益に変える必要があります。

　好都合なことに、商品市場の方向転換は株式市場にとっても流れが変わるサインとなることが多いのです。最近では、次のような例（事例1〜事例3）を挙げることができるでしょう。

事例1：2018年8月27日、金に突如として買いが集まる

　それまで金市場とは逆相関にあると言われる「米長期金利の上昇」を背景に、金は右肩下がりの展開が続いていました。ところが、金利がそれほど動いていないのにもかかわらず、この日の金は大きく上昇しました。

　一方で、金は安全資産としても知られており、投資家の不安が高まった場合に買いが入ってくることも多いのです。この日の動きはまさに「安全資産としての買いが入った可能性があること」を教えてくれたのです。

　株式市場はその後もしばらく、それまでの信用売りの買い戻しなどから上昇が続きましたが、金の動向を見る限りでは、何らかの懸念から下落相場に転じる可能性が高まったと判断すべきだったでしょう。

　実際に株式市場が下落に転じたのは約1カ月後の10月初旬となりましたが、金市場が下落の予兆を示していたと言える事例でしょう。

事例2：2018年10月3日、EIA在庫統計で原油の大幅積み増しが、その後の株価急落を示唆

　先に述べた通り、WTI原油価格は米国市場の景気を見るうえで欠かせない先行指数です。在庫が逼迫していれば、「（それだけ）景気が好調で、需要が強い」との見方から、価格は上昇するのがセオリーです。

　逆に、需給が緩み在庫がダブつけば、「景気減速懸念が浮上しやすくなる」との見方から、価格は下落するのがセオリーです。

　10月3日に米エネルギー省情報局（EIA）が発表した在庫統計では、米国内の原油在庫が797.5万バレルと、予想を上回る大幅積み増しとなりました。在庫の積み増しは、「需要が伸び悩み、需給が緩んでいる可能性」を示しています。米国の株式市場も日本の株式市場も、実際にその発表の翌日から下げ始めました。

　景気減速に対する懸念がさらに高まる中で、その後、しばらく下落基調が続く可能性があることを、原油市場が教えてくれたのではないでしょうか。実際、株式市場が10月の終わりにかけて急落したことは、今さら説明する必要もないでしょう。

事例3：2018年10月30日、大豆価格が上昇。米中貿易摩擦緩和期待を示唆

　米農務省（USDA）はこの日、仕向け先不明で12万トンの大豆輸出成約報告があったことを明らかにしました。この日の米国時間の取引では引けにかけて売り圧力が強まったものの、一方でやや下げ渋りの動きも見られました。

　その当時の中国は、米国産大豆の輸入を控える傾向にありました。米中の貿易戦争によって中国向け輸出に賦課された追加関税やドル高・元安の進行などの影響があったからです。それにもかかわらず、12万トンの大豆輸出が成約していたのです。注目すべきポイントです。仕向け先は不明となっていましたが、私のような素人でも中国への輸出の可能性がまず考えられました。

　中国はそれまで米国産以外（ブラジル産など）の大豆で国内需要を賄っていましたが、もう米国に頼らなければ賄いきれなくなってきている可能性も浮上していたのです。このことから、米中通商交渉で、中国が「"米国産の穀物を輸入するという譲歩"をしてくる可能性が浮上する」と予想。米国・日本株の全体的な短期切り返しのポイントがあるのではないかと考えました。

　もう1段階踏み込んでみると、当時のWTI原油価格には下落基調が続いているという事実を見ることができました。「現状の米中貿易摩擦に対する何らかの改善期待が浮上しやすい」ことを大豆価格が示してくれた一方、WTI原油価格の動きは『景気後退懸念』を示唆していたことになります。

こうしたことを総合的に考えると、「一時的に切り返しは見られたとしても、WTI 原油価格が切り返すまでは上値の重い展開が続く」という予想を立てることができたのです。実際、株式市場は 11 月前半と 11 月末の 2 回、しっかりと反発する展開となりましたが、12 月に入ると原油の下落につれて、改めて売り圧力が強まっていきました。

　このように、商品市場の反転のタイミングやその背景を理解できると、その後の株式市場にどのような期待や懸念が出てくる可能性があるのかを予測しやすくなります。私にとって、商品市場の動きは、株式投資を行ううえでの先行指標になるケースが多いのです。とりわけ株価指数（日経平均・TOPIX）や、海外勢が日量取引の 6 割を占める東証一部銘柄の取引を行う方は、日々動向をチェックする必要があるのではないかと考えています。

4）商品は需給で動くことが多いため、大きなトレンドが出やすい

　商品市場の値動きを決定する要因は、需給のバランスです。農産物の場合であれば、毎年春に農家がどの程度の作付けを行うかによって、まずはひとつのトレンドが生まれます。その後、夏場の生育期の天候や生育状況によって、秋の収穫期に向けて新たなトレンドを作り出すというパターンが多いと思います。

　例えば、大豆の場合ですと、食糧としての需要は大豆を消費する国の人口に比例します。一方、供給（生産）はその年にどの程度の作付

けが行われたかによって決まってきます。

　「国の人口」が急に大きく変化することはありません。供給については、生産地の天候や生育状況、作柄が豊作か不作かによって変動し、いわゆる天候相場というものを作り出しますが、それでも世界全体で見た場合、需給バランスが短期間のうちに急激に変化することはないでしょう。

　大きな人口変化（消費の変化）、つまり世界全体で見た需給バランス（消費量）が大きく変動しないのであれば、大豆を輸入し製品化・販売している日本企業にとっては、大豆価格の変動が仕入れ価格の増減につながり、その企業の業績の変化につながります。

　例えば、仕入れ値が 10 円の大豆で 100 円の製品を作り、販売するとします。毎月おおよそ 100 個の販売をすると、（製品価格 100 円－仕入れ値 10 円）× 100 個で 9000 円の利益になります。仕入れ値が 15 円になると（製品価格 100 円－仕入れ値 15 円）×100 個で 8500 円の利益です。つまり、仕入れ値が 5 ％上昇すると、 5 ％の利益減少になるのです。大豆価格の動向は、そのまま企業業績に直結しやすいのです。

　ある商品に対する影響力の強い国の政策が、価格動向を大きく左右する可能性にも注意が必要です。

　原油などのエネルギー市場の場合は、需要面では消費国の景気動向、供給面では生産国の政策によって、大きなトレンドが作り出されることになります。

　例えば WTI 原油は、2016 年末に OPEC が 8 年ぶりの減産で合意したことをきっかけに、その後、サウジアラビアの国営石油会社であるサウジアラムコが上場するとの期待などから上昇トレンドを形成。2018 年 10 月初めまでその流れが続きました。

中国の需要が世界需要の6割を占めると言われるLME非鉄先物の場合では、2017年10月の中国共産党大会に向け、1年近く上昇基調が続きました。中国政府が自らの政策の成果として経済成長の好調さをアピールするためにも、「弱気の経済指標を発表することはない」との見方が、その背景にあったと言われています。

　こうした「国の政策」は、農産物市場に大きく影響を及ぼすこともあります。2018年に米中の貿易戦争が激化したときには、「中国が米国産大豆の輸入に対して関税を賦課する」との懸念が浮上したあたりから、大豆市場が下落基調を強めるようになりました。その流れは、米中の通商交渉が進展するとの期待が高まってくるまで続きました。

　このように商品市場では、1年にひとつか2つ、ビッグトレンドが形成されることが多いのです。

5）ある商品に関連する銘柄には、その商品と同様のトレンドが表れやすい

　商品市場のトレンドが確認できたら、あとは、その商品に関連する銘柄を、そのときの全体の流れに沿った方向で売買します。流れに沿って取引することで、安定したリターンを得られる可能性が高まるからです。

　具体的には、株式市場全体が下落基調のときには、商品のトレンドがマイナスに寄与する銘柄を売り、株式全体の流れが上昇基調のときには、その商品のトレンドがプラスに寄与する銘柄を買います。

例）
◎株式全体が上昇基調で、WTI原油が上昇基調
　→WTI原油価格の上昇がメリットとなる銘柄を買う
◎株式全体が上昇基調で、WTI原油が下落基調
　→WTI原油価格の下落がメリットとなる銘柄を買う

◎株式全体が下落基調で、WTI 原油が上昇基調

　→ WTI 原油価格の上昇がデメリットとなる銘柄を信用売りする

◎株式全体が下落基調で、WTI 原油が下落基調

　→ WT I 原油価格の下落がデメリットとなる銘柄を信用売りする

　ここでは、株式市場全体の流れに沿った取引を行うのに加えて、トレンドの出ている商品関連銘柄を選択することが重要となります。動きが緩慢といわれている東証一部上場銘柄でも、商品の動向が後押しをしてくれますので、プラス α のリターンが期待できるでしょう。より詳細な商品関連銘柄の選別方法については、「第 2 部　第 5 章」で説明させていただきます。

6）商品市場をチェックし、マーケットがどの材料に反応しているかを見る

　投資を行っていくうえでニュースが大切、経済指標はチェックすべきだということは、皆さんも十分に理解されていることと思います。

　しかし、そうしたニュースや経済指標の内容が「どのように株価に反映されてくるのか」を理解できるようになるのは難しいと思う人も多いかもしれません。インターネットの普及によって、情報は巷に溢れ返っていますし、経済指標には良いものと悪いものとが入り混じっているのが普通です。景気が良くてもすべての経済指標が良好ということはありませんし、逆に景気が悪いと言われていても、経済指標の中には強気のサプライズが飛び出すこともあるでしょう。

　日々のマーケットの解説を見ていると、株式市場が下落すれば『○○懸念が浮上でリスクオフ』、上昇すれば『○○懸念後退でリスクオン』などと、その日の結果次第でコロコロと解説が変わることを目の当たりにすることがあります。ひどいときにはリスクオフの翌日にリスクオン、その翌日には再びリスクオフというように、「そんなに毎日懸

念が浮上したり後退したりするものなのか」と突っ込みを入れたくなるような状況が続くこともあります。

　また、金融市場でAI化が進んだことによって、市場のボラティリティー（変動率）が一気に高まるような場面は、以前より多く見られるようになってきました。激しい値動きによって、方向感が見えにくくなる時期が出てくる事態は、今後増えることはあっても、なくなることはないと、考えておいたほうがよいでしょう。

　そういう時代だからこそ、詳細に商品市場を見ることが「マーケットが何に反応しているか」を理解するヒントを得ることにつながり、さらには大きな流れを掴むことに役立つのだと思うのです。

　もちろん、市場はひとつだけの材料やニュースに反応し、単純に動いてくれるわけではありません。ときには、多くの材料が一度に出て、何が相場を動かしているのかがわからなくなることもあるでしょう。そういうときは、相場の流れを見て、材料やニュースを取捨選択する必要があります。

　流れが出てきていると思われる商品が上昇しているのであれば好材料を、下落しているのであれば悪材料を探すのです。

　相場を動かしている要因に当たりをつけたなら、次に今後のイベントや経済指標の発表予定をチェックします。近々にその材料に関係のあるイベントや指標の発表がある場合、今ある期待や懸念が継続、さらに高まる可能性があります。その場合には、市場の流れもより強固なものとなるでしょう。

　このような作業を繰り返すことで、マーケットが『何を見ているか』を探りあて、次の大きな流れを掴むことが可能になってくるのです。

【事例紹介】

　2018年末にかけて強まった市場の下落基調からの反転も、WTI原油価格が株式市場に先んじて切り返しを見せました。WTI原油価格は12月24日に一時43ドルを割り込むまでに値を下げましたが、翌営業日となる12月26日からは一転して買いが集まるようになり、それに追随する形でNYダウも反転の動きを見せたのです。

　2019年1月は、月間を通じてWTI原油価格と米国株式市場が連動する形で上昇しましたが、実はこの間に米エネルギー省（EIA）の在庫統計では、原油在庫が予想を上回る積み増しを続けていたのです。

　それでもWTI原油価格が上昇基調を維持したのは、マーケットの期待が異様に高かったからだと考えられるでしょう。
　2018年末まで『景気後退懸念』で売られていたことを考慮したうえで、年初のパウエル議長（FRB）の発言によって、FRBの利上げ停止観測が浮上、景気回復への期待が高まった可能性が高い→イベントスケジュールを確認→1月29日・30日のFOMC（パウエルFRB議長の会見）に注目が集まるという流れを想定することができます。
　要するに、「FOMCまでは、利上げ停止期待から買い戦略で臨める」と判断することができたのです。
　株式の企業業績に当たるものが、エネルギー市場の場合は在庫量だと考えられます。

株式の『企業業績好調』＝『株価の上昇』という図式は、商品エネルギー市場の場合、在庫の減少が続けば基本的に『販売好調』→『価格の上昇』となります。

　エネルギー省の在庫統計は週に一度発表されます。株式市場の決算発表に当たるものが、毎週、チェックできることになるのです。

　もちろん、在庫統計で在庫の積み増し（増加）が見られたにもかかわらず、商品価格が上昇していくこともあります。そのようなケースの場合には、マーケットが別の材料（期待もしくは懸念）に反応していると考えられます。

　大きなトレンドを形成しているときも、同様に在庫統計の結果に反した動きを見せることがあります。そのとき（＝在庫量の推移に反した動きを見せているとき）は、市場は別の材料に反応していると考えたほうがよいでしょう。

第**3**章

日本株投資の基礎知識

日本の株式市場の特徴

1）相場は景気が良くても下落する。また景気が悪くても上昇する

　『株は期待で買われ、懸念で下げる』という言葉の通り、経済指標の結果が良くても、景気減速懸念や地政学リスク、需給の問題等で下げることはありますし、逆に、期待値が高ければ経済指標の結果が悪くても、懸念材料がくすぶっていても、需給関係から買われることが多々あります。

　そのため、「ここまで下がったから」「ここまで上がったから」「業績が良いから（悪いから）」「景気が良いから（悪いから）」という、決め打ちでの投資にはリスクが伴います。

2）日本株は海外要因で振らされやすい

　サプライチェーンの発達によって、今や世界の株式市場は、多少なりとも他の国の株式市場の影響から逃れられない状況にあると言うことができるでしょう。中でも日本は、海外要因で振らされやすい状況下にあると思います。

　「外需銘柄」や「内需銘柄」などの言葉がありますが、突き詰めていくと、「完全な内需銘柄は少ない」ことに気づくはずです。例えば、内需銘柄と呼ばれる各企業の概要を見ると、海外での売り上げを伸ば

す企業努力によって業績拡大につなげている、もしくは、仕入れや人件費に関する経費を抑えるために、仕入れコストを抑えられる地域からの輸入や、人件費の安い地域での生産に切り替えるサプライチェーンの変革によって発展を遂げてきていることがわかります。

そういう状況にありますから、日本以外の国で景気減速、もしくは景気拡大の見方が広がれば、当然ながら日本にも影響が及びます。同様の懸念もしくは期待につながるのです。

このように考えると、「日本国内のことだけを見ていると大きな流れから取り残される」ことがわかると思います。特に、経済面での影響力が大きいと考えられる米国＆中国の動向や景気については、日本の企業業績の行方を占ううえできちんと理解していくべきです。そして、それこそが「日本の株式投資を実践するにあたり必要不可欠なものであること」は言うまでもありません。

3）株式市場はマクロにもミクロにも振らされる

どのような市場で取引していても、マクロ面やミクロ面（株式市場で言えば企業業績、商品で言えば在庫状況）の状況によって、必要以上に期待してしまったり、懸念してしまったりなど、振らされることは多いでしょう。特に、東証一部銘柄の大型株はマクロの流れを見てから動き出す傾向にありますから、なおさらです。

決算発表の前後に関しては、企業業績を考慮した売り買いが見られるものの、そのとき以外は個別のIRがない限り、同業種と同じように動くことが多いのです。

仮に、決算発表の前後の期間を長めに見積もって1カ月とします。決算発表は年に4回ですから、決算独自の動きは長くても4カ月です。それ以外の8カ月は需給の流れに振らされると考えれば、数多くの個別銘柄の業績を調べ、予想を立てていくよりも、「マクロの動向から

考えられる需給面の分析に力を入れるほうがリターンを得るチャンス（期間）が多い」と私は考えています。

４）業績が良くても、商品・債券・為替相場の流れに振らされる

　先述の『第2章　商品市場を正しく理解することが、株式投資の勝率アップにつながる』で説明した通り、為替の動きや債券（金利）の動きに関しては、ある業種にとってはメリットになったとしても、別の業種にとってはデメリットとなることがあります。

　商品価格の動きも、為替や債券（金利）と同様、状況によってメリットになることもあれば、デメリットになることもあると言えるでしょう。

　例として、2017年10月の中国・共産党大会に向けてLME非鉄先物価格（銅・アルミ・ニッケル・鉛・亜鉛・錫）を挙げてみましょう。その当時は軒並み大幅高となり、度々、株式市場のニュースでも取り上げられたことを覚えている人は多いと思います。

　2017年に入ると、『中国は共産党大会までは中国景気を下げられない』という報道が出始めました。5年に一度開かれる中国共産党大会において、習近平総書記への権力集中が加速するか否かに注目が集まっていたことが背景だと考えられます。

　政治・経済両面での改革を進めやすくするため、中国共産党大会直後に開催される中央委員会全体会議での新指導部（7人の政治局常務委員）の決定において、習近平総書記に近い人物で占めたい習近平政権の動きに期待した見方だったのでしょう。

　結局、非鉄先物価格はその年の10月まで軒並み大幅高となり、度々、株式市場のニュースでも取り上げられることとなりました。

　同じようなことは、WTI原油先物価格にも言えます。

非鉄や原油の動向に関しても、為替や債券（金利）と同様、株式市場全体に影響を与えることが多いという理由で、注目している方も多数いると思います。

　しかし、穀物となるとどうでしょうか？　株式投資を行っている人に「穀物市場も見ていますか」と聞くと、「見たことがない」「気にしたことがない」と答える方が多いです（私のまわりだけかもしれませんが）。そういう答えを聞くたびに「銘柄の選別に大きなヒントをくれるのに～」と、もったいなく感じてしまいます。

　例えば、内需銘柄として、食料品セクターを取り上げてみましょう。このセクターに入っている企業の中で、日本国内ですべての原材料となる食材を仕入れているところは、ほとんど存在しないと思います。

　卸売りセクター（商社）にしても、食料品セクターにしても、普通は、日々公開されている穀物価格や動向を見据えながら輸入する量を調整しています。そのときの輸入金額は、仕入れ金額につながります。つまりは仕入れが安く済むのか、あるいは、これまでよりも高くなるのかは、穀物市場を見ることで確認できるのです。ひいては、その仕入れ価格の推移を見ることで、穀物を輸入している日本の上場企業の業績期待や懸念につながることもあり得るわけです。

　このようなことを改めて考えると、商品市場は為替や金利（債券）市場と同様、株式市場に大きく影響を与える可能性があることに気づくはずです。

　商品や債券（金利）、為替の方向性を見ることで、次に資金が流入する、もしくは流出する業種が予測しやすくなります。商品価格の大きな変動やその可能性を理解することが、関連する銘柄や業種への影響を予測するときのヒントにつながるのです。

～第2節～
東証一部銘柄を取引すること

　相場の方向感を掴んで狙うセクターを決めたら、次は東証一部の中から取引する銘柄の選定を行います。

　個人投資家さんに話を聞くと、多くの方が小型株や新興市場銘柄の売買をされているようです。短期間で急騰する可能性がありますから、大変魅力的な投資対象であるのは間違いないでしょう。ただ、出来高の少ない銘柄に投資をしている以上、反対に急落したときには大きな損害を被る可能性があること（＝リスクが大きいこと）も頭に入れておくべきだと思います。

　ところで、なぜ、東証一部銘柄なのでしょうか。テニスを例に説明します。

　もしも、あなたがテニスの経験者ならば、初心者とのラリーを想像してみてください。テニスをしたことがなければ、初心者同士でのラリーを想像してみてください。

　プロを相手にラリーをする場合と、初心者を相手にラリーをする場合、どちらが長く続くでしょうか。

　筆者はプロ相手だと思います。

　初心者であるプレイヤーが多少遠くに打ち込んだとしても、プロのプレイヤーがきちんと打ち返してくれるため、初心者のプレイヤーで

もラリーを続けやすくなるのです。

　一方、初心者同士の場合では、互いにきちんと打ち返すことができず、すぐにラリーがストップしてしまう可能性が高いと考えられます。

　株式投資も同じであると考えています。

　海外勢などのプロが多い市場であれば、例えば、テクニカル上の節目節目で流れもいったん止まりやすいでしょうし、まわりの背景を加味したうえで方向感が出やすい、ということなども考えられます。

　要するに、新興市場などの小型株に比べて急騰することは少ないかもしれませんが、そのかわり、「東証一部の大型株ではテクニカルが通用しやすい」と考えているのです。予測がしやすく、売り買いの目安となるポイントの目途がつけやすいことは、東証一部銘柄の特徴のひとつと言うことができると思います。

　また、東証一部銘柄の一日の取引量のうち約60％が海外勢によるものだと言われていることも大きいです（注：JPX の調べ）。どういうことかというと、海外勢がどのセクターに期待を持って買いにくるのか、どのセクターに懸念があって売りにくるのかが、色濃く表れやすいのです。

　以上の点を考慮すると、上場する多大な銘柄の中から個別選別をするよりも、そのときの背景（＝商品市場の動向）を加味したうえで、選別したセクターの中から銘柄を選ぶほうが簡単なのではないでしょうか。海外勢の資金の流れに乗ることができれば、東証一部銘柄であっても利益を出しやすくなります。

　ここで重要になってくるのが、次ページに載せている「業種ごとの出来高トップ10」です。これを見ると、ここにランクインする銘柄はたいてい同じような顔ぶれになることが多いとわかります（詳しくは 250 ページ）。

◆業種ごとの出来高トップ10

【水産・農林】

11月27日（水）		11月28日（木）		11月29日（金）		12月2日（月）		12月3日（火）	
1332	日水	1332	日水	1332	日水	1332	日水	1332	日水
1377	サカタのタネ	1377	サカタのタネ	1333	マルハニチロ	1333	マルハニチロ	1333	マルハニチロ
1333	マルハニチロ	1333	マルハニチロ	1377	サカタのタネ	1379	ホクト	1377	サカタのタネ
1379	ホクト	1379	ホクト	1379	ホクト	1377	サカタのタネ	1379	ホクト
1301	極洋	1301	極洋	1301	極洋	1384	ホクリョウ	1301	極洋
1384	ホクリョウ	1382	ホープ	1382	ホープ	1301	極洋	1384	ホクリョウ
1383	ベルグアース	1384	ホクリョウ	1384	ホクリョウ	1381	アクシーズ	1380	秋川牧園
1376	カネコ種苗	1376	カネコ種苗	1383	ベルグアース	1376	カネコ種苗	1381	アクシーズ
1382	ホープ	1381	アクシーズ	1376	カネコ種苗	1380	秋川牧園	1376	カネコ種苗
1381	アクシーズ	1380	秋川牧園	1381	アクシーズ	1383	ベルグアース	1382	ホープ

【鉱業】

11月27日（水）		11月28日（木）		11月29日（金）		12月2日（月）		12月3日（火）	
1605	国際帝石	1605	国際帝石	1605	国際帝石	1605	国際帝石	1605	国際帝石
1514	住石HD	1514	住石HD	1514	住石HD	1514	住石HD	1514	住石HD
1662	石油資源	1662	石油資源	1662	石油資源	1662	石油資源	1662	石油資源
1518	三井松島HD	1518	三井松島HD	1518	三井松島HD	1518	三井松島HD	1518	三井松島HD
1515	日鉄鉱	1515	日鉄鉱	1663	K&O エナジー	1663	K&O エナジー	1663	K&O エナジー
1663	K&O エナジー	1663	K&O エナジー	1515	日鉄鉱	1515	日鉄鉱	1515	日鉄鉱

【建設】

11月27日（水）		11月28日（木）		11月29日（金）		12月2日（月）		12月3日（火）	
1757	クレアHD	6366	千代化工建設	1840	土屋HD	1840	土屋HD	1840	土屋HD
1803	清水建	1757	クレアHD	1435	TATERU	1803	清水建	1803	清水建
1928	積水ハウス	1803	清水建	1803	清水建	1435	TATERU	1928	積水ハウス
6366	千代化工建設	1802	大林組	1802	大林組	1928	積水ハウス	1802	大林組
1963	日揮HD	1893	五洋建	6366	千代化工建設	1719	安藤ハザマ	1447	IT Book H
1925	大和ハウス	1812	鹿島	1928	積水ハウス	1802	大林組	1893	五洋建
1802	大林組	1928	積水ハウス	1812	鹿島	1925	大和ハウス	1925	大和ハウス
1719	安藤ハザマ	1925	大和ハウス	1757	クレアHD	1893	五洋建	6366	千代化工建設
1435	TATERU	1983	東芝プラ	1963	日揮HD	1812	鹿島	1812	鹿島
1724	シンクレイヤ	1808	長谷工	1925	大和ハウス	1757	クレアHD	1963	日揮HD

236

また、ランクインする銘柄が同じような顔ぶれであっても、出来高の増減はもちろんあります。業種別で観察する習慣をつけることで、今はどの業種に資金が集まっているかを判断する材料のひとつになります。

　後述しているように、セクターを選んだ後は、常日頃ランクインしている銘柄のチャートを見て、事業内容を確認し、最終決定をします。

　投資資金が増えてきたときにも、東証一部の大型株であれば投資枚数を容易に増やすことができます。長く株式投資を行うのであれば、東証一部の大型株への投資方法を習得することは重要な要素のひとつになろはずです。

第**4**章

トップダウン方式の銘柄選択

~第１節~
ステップ１
WTI 原油価格で方向感をつかむ

ここからは、どういう銘柄を選ぶべきか、その流れについて解説します。

私は、大きく２つのやり方を採用しています。商品市場全体の大きな流れをベースにしてまずは注目セクターを選び、次にその中から銘柄を選んでいく「トップダウン方式」と、動いている商品に注目してまずはセクターを選び、次に対応する銘柄を選んでいく「ボトムアップ方式」です。

本章では、トップダウン方式について解説し、第５章でボトムアップ方式を紹介いたします。

●

これまで説明してきた通り、WTI 原油価格は私にとって米国株式市場の方向感を示してくれる、大切な先行指標です。そこで、まずは WTI 原油価格の動向をチェックします。

米国株式市場が上昇基調であるときには、日本株式市場全体として停滞することはあっても、日本株式市場のみ独自に下落基調を見せることは、ほとんどありません。

逆に、米国市場が下落基調のときも同様、日本株式市場全体として停滞することはあっても、日本株式市場のみ独自に上昇基調を見せる

ことは滅多にありません。

　このように、米国の株式市場と日本の株式市場の間には密接な関係がありますから、まずは米国株式市場の方向感を示す「WTI原油価格の流れ」を分析します。

　方向感を掴むときに、株価指数を見ている人も多いかもしれませんが、注意が必要です。例えば、何か大きな材料が出たとします。そのとき、株価指数に寄与する割合の高い銘柄が大きく振れてしまうと、株価指数も大きく振れてしまうことがあるからです。

　指数を見ることも大切ですが、それよりも「マーケットが今、何に注目しているのか」を通して全体の流れを見るほうが、方向感を見誤ることが少なくなると考えています。

　さて、WTI原油価格が反応するものは、大きく、以下の7つに絞れるでしょう。

①原油在庫の減少＝WTI原油価格の上昇
②原油在庫の増加＝WTI原油価格の下落
③将来的な需給逼迫の見通し＝WTI原油価格の上昇
④将来的な需給だぶつきの見通し＝WTI原油価格の下落
⑤戦争＝WTI原油価格の上昇
⑥景気良好
⑦不景気

　「①」「③」「⑥」のケース（在庫が減少している、もしくは、逼迫する可能性がある）は、つまりは景気が回復・浮上・良好の状態にあることを示します。言い換えると、原油を必要としている企業が多い状況であることを意味します。このことからは、「商品の生産を増や

すために、今後、原油輸入量が増え、結果、企業の売り上げが伸びていく」という、景気が上向き、ないし上向きになる過程であることが想定されるわけです。

逆に「②」「④」「⑦」のケース（原油在庫が増えている、もしくは、原油価格がだぶつく見通しである）は、景気が後退、もしくは不景気な状況であることを示します。要するに、原材料として原油を必要としている企業が少ないことを意味します。このことからは「商品の生産を抑えるために、今後、原油の輸入量が減少し、企業売り上げが落ちていく」という、景気が下向き、ないし下向きになる過程であることが想定されるわけです。

⑤の戦争のケースでは、WTI原油価格は大きく上昇します。この場合、筆者が見てきたケースでは、WTI原油価格が一日に数ドル上昇するような大きな反応を見せる場合では、先行きに対する不安が高まる中で株式市場が下落することもありますが、そこまで大きな反応ではない場合、石油精製業者や石油開発業者などに買いが集まりやすくなります。

NYダウで見てみると、30銘柄のうち、2銘柄（シェブロン・エクソンモービル）が大きく上昇するケースが多く、NYダウの下支えとなりやすいことから、株式市場はさほど下げにくい状況になります。

結論から言うと、このケース（戦争）では、指数自体で見ると、一時的にショックが起こることはありますが、戻りが早いことも多く、結果的にはそれほど大きくは下落しません。逆に上昇した場合でも、戦争に対する懸念や、その後の方向次第での相場となりやすいため、個別銘柄の積極的な売り買いは避けたほうがよいかもしれません。

また、OPECや非OPEC産油国のコメント（減産・増産のコメント）などを受けたときもWTI原油価格は動きますが、これは在庫の増減

のときと同様の考え方でよいでしょう。今後、増産するようなコメントが出てくれば「②」「④」のケースと同様に、また今後、減産するようなコメントが出てくれば「①」「③」のケースと同様に方向感を掴みます。

　原油価格は景気が良好・回復・上向きの場合には「需給が逼迫し、在庫が減少していく」という見方から買われ、逆に不景気・景気後退・下向きの場合には「需給のだぶつき」を嫌気して売られます。

　株価指数のように、構成銘柄の寄与度の高いものが大きく振れたときに同方向に振れてしまうような、本来のマーケットの方向性を誤認させるようなことがないため、先行指標として WTI 原油価格を追うことで、相場の流れに沿った取引を行うことができるのです。

ステップ2
毎週発表される原油在庫統計をチェック

　では実際に、WTI 原油価格の動向が何によるものかをチェックするには、どうしたらよいのでしょうか。

　米国では毎週、『米国石油協会（API）の週間原油在庫』『米国エネルギー省エネルギー情報局（EIA）の週間在庫統計』が発表されます（「米国石油協会（API）　週間原油在庫」で検索すると、在庫増減のチャートを見ることができます）。

　これは、株式市場で考えると、決算発表と同じようなものです。決算発表は年間に4回しかありませんが、米国の原油状況は、週に一度、把握できます。短期間（1週間）で発表されるわけですから、それだけ精緻な数字を見ることができます。

　私たちは、この在庫統計を追うことで、毎週、「マーケットが現在、何を見ているか」を推測することができるのです。

　日本時間では、基本的に火曜日の朝方に発表される API 週間原油在庫を見て、前週に比べて原油の在庫が増えたのか、減ったのかをチェックします。原油の在庫量が前週よりも増加している場合、需給のだぶつき（低迷）から WTI 原油価格にとっては売り材料になります。つまり、株式市場にとっては下落しやすい状況となります。

　逆に、前週よりも原油の在庫が減少していた場合、需給の逼迫から WTI 原油価格にとっては買い材料になります。つまり、株式市場に

とっては上昇しやすい状況となります。

　次に、日本時間の水曜日の夜中に発表される EIA の週間在庫統計で「予想」と「結果」を比べます。具体的には、以下の手順になります。

●

1）パターン１：原油在庫減少＆原油価格上昇

　原油在庫が予想よりも減少していたときは、需給の逼迫から WTI 原油価格は上昇するのがセオリーです。WTI 原油価格が在庫の減少を受けて、その日の終値ベースで上昇した場合、株式市場にとっても上昇しやすい状況となります。

2）パターン２：原油在庫増加＆原油価格下落

　原油在庫が予想を上回る積み増しだったときは、需要の低迷から WTI 原油価格は下落するのがセオリーです。WTI 原油価格が在庫の増加を受けて、その日の終値ベースで下落した場合、株式市場にとっても下落しやすい状況となります。

3）パターン３：原油在庫増加＆原油価格上昇

　原油在庫が予想を上回る積み増しとなったときは、需要の低迷から WTI 原油価格は下落するのがセオリーです。にもかかわらず、WTI 原油価格が在庫の増加を受けて、その日の終値ベースで上昇した場合、ファンダメンタルズよりも景気に対して別の期待が浮上していることが考えられるため、株式市場でも期待先行の上昇相場になる可能性が

あります。

4）パターン4：原油在庫減少＆原油価格下落

　原油在庫が予想よりも減少していたときは、需要の逼迫から WTI 原油価格は上昇するのがセオリーです。にもかかわらず、WTI 原油価格が在庫の減少を受けて、その日の終値ベースで下落した場合、ファンダメンタルズよりも景気に対して別の懸念が浮上している可能性が考えられるため、株式市場でも懸念先行の下落相場になる可能性があります。

●

　このように、『米国石油協会（API）の週間原油在庫』『米国エネルギー省エネルギー情報局（EIA）の週間在庫統計』の結果を受けて、WTI 原油価格がその日の終値ベースで「プラスで終わるのか」、それとも「マイナスで終わるのか」を見ると、そのとき、マーケット自体がどちらの方向を向いているのかの判断材料になるでしょう。

目先の動き（在庫統計）に注目しつつも、その背景にある原油のアノマリーは重視する

　基本的には、第1部第3章で紹介しているように、原油価格の動きには季節性があります。その動きは株式市場と連動することが多いため、毎年、「節分天井彼岸底」「Sell in May（5月に株を売れ）」「年末高」のアノマリーに沿った動きとなりやすいのです。

　しかし、相場の世界に100％は存在しません。アノマリー通りにならないことも実際によくあります。

　ですから、投資での勝率を上げるために、私は「毎週の在庫統計」「在庫統計に基づいた予想と結果」「それに対してのWTI原油価格の値動き」に注目しています。
　今年もアノマリー通りに動くのか？　それとも、違う動きとなるのか？　在庫統計とその結果で確認しているイメージです。

　○○ショックと命名されるようなものでなく、通常の相場でも年に数回は下落相場があるものです。「現物での買いだから……」とは思っていても、含み損の額が膨らんでいくのを見ると不安になるものです（本当にサーキットブレーカーに巻き込まれたときは怖かったです！）。

個人投資家さんの中には、「新興小型だから、優良株だから株式市場全体の流れは気にしない」と考えている方もいるかもしれません。

　ですが、相場全体の方向感を見ていれば、下落しそうなときには現金比率を高めるなどのリスクヘッジができます。そして、そういった戦略を練ることができれば、下落したときに買う余力が増えるなど投資効率も上がると思うのです。

　原油の動きを確認するようになってから、私自身、投資効率が上がっています。原油を見続けてきたからこそ、松本さんの米国株式市場の方向感の見立てや、相場全体の流れの見定めがいかに長けているのかがわかったような気がしています。

ステップ3−1
注目するセクターを決める
〜基本パターン〜

　株式投資を行ううえで、「出来高上昇銘柄」や「出来高の多いランキング」といった"出来高"をチェックされている方も多いでしょう。

　もちろん、それらをチェックすることは、人気のある銘柄、もしくは、注目されている銘柄を探すひとつの方法だと言えるでしょう。

　ここで大事なのは、**「出来高を見るときに、セクター別にチェックすれば、より精度の高い銘柄選びができる」**という点にあります。

　次ページの表は筆者が日々、業種ごとに出来高上位10銘柄をデータとして残しているものです（注：236ページに載せたものと同じです）。薄いグレーは前日比プラスで終えた銘柄、黒は前日比マイナスで終えた銘柄です。基本的に、その日の上位にランクインする銘柄は同色になりやすい傾向にあります。値幅の差があるとはいえ、基本的には、業種ごとに同じように上昇、もしくは、下落しやすい傾向があるということです。

　買いで入るのであれば、グレーが続きそうなセクターの銘柄を選びたいですし、信用売りするのであれば、黒が続きそうなセクターの銘柄を選びたいところです［注：相場ですので、上がりもすれば下がりもします。確実に毎日連続して同色になるわけではありませんが、背景（例えば為替や原油、金利などの動き）が伴った動きの場合、連日とはならなくともグレーが続いたり、黒が続いたりとすることが多いです。このセクター別の出来高のみで判断するのは難しいとは思いま

◆業種ごとの出来高トップ 10

【水産・農林】

11月27日（水）		11月28日（木）		11月29日（金）		12月2日（月）		12月3日（火）	
1332	日水	1332	日水	1332	日水	1332	日水	1332	日水
1377	サカタのタネ	1377	サカタのタネ	1333	マルハニチロ	1333	マルハニチロ	1333	マルハニチロ
1333	マルハニチロ	1333	マルハニチロ	1377	サカタのタネ	1379	ホクト	1377	サカタのタネ
1379	ホクト	1379	ホクト	1379	ホクト	1377	サカタのタネ	1379	ホクト
1301	極洋	1301	極洋	1301	極洋	1384	ホクリョウ	1301	極洋
1384	ホクリョウ	1382	ホープ	1382	ホープ	1301	極洋	1384	ホクリョウ
1383	ベルグアース	1384	ホクリョウ	1384	ホクリョウ	1381	アクシーズ	1380	秋川牧園
1376	カネコ種苗	1376	カネコ種苗	1383	ベルグアース	1376	カネコ種苗	1381	アクシーズ
1382	ホープ	1381	アクシーズ	1376	カネコ種苗	1380	秋川牧園	1376	カネコ種苗
1381	アクシーズ	1380	秋川牧園	1381	アクシーズ	1383	ベルグアース	1382	ホープ

【鉱業】

11月27日（水）		11月28日（木）		11月29日（金）		12月2日（月）		12月3日（火）	
1605	国際帝石	1605	国際帝石	1605	国際帝石	1605	国際帝石	1605	国際帝石
1514	住石 HD	1514	住石 HD	1514	住石 HD	1514	住石 HD	1514	住石 HD
1662	石油資源	1662	石油資源	1662	石油資源	1662	石油資源	1662	石油資源
1518	三井松島 HD	1518	三井松島 HD	1518	三井松島 HD	1518	三井松島 HD	1518	三井松島 HD
1515	日鉄鉱	1515	日鉄鉱	1663	K&O エナジー	1663	K&O エナジー	1663	K&O エナジー
1663	K&O エナジー	1663	K&O エナジー	1515	日鉄鉱	1515	日鉄鉱	1515	日鉄鉱

【建設】

11月27日（水）		11月28日（木）		11月29日（金）		12月2日（月）		12月3日（火）	
1757	クレア HD	6366	千代化工建設	1840	土屋 HD	1840	土屋 HD	1840	土屋 HD
1803	清水建	1757	クレア HD	1435	TATERU	1803	清水建	1803	清水建
1928	積水ハウス	1803	清水建	1803	清水建	1435	TATERU	1928	積水ハウス
6366	千代化工建設	1802	大林組	1802	大林組	1928	積水ハウス	1802	大林組
1963	日揮 HD	1893	五洋建	6366	千代化工建設	1719	安藤ハザマ	1447	IT Book H
1925	大和ハウス	1812	鹿島	1928	積水ハウス	1802	大林組	1893	五洋建
1802	大林組	1928	積水ハウス	1812	鹿島	1925	大和ハウス	1925	大和ハウス
1719	安藤ハザマ	1925	大和ハウス	1757	クレア HD	1893	五洋建	6366	千代化工建設
1435	TATERU	1983	東芝プラ	1963	日揮 HD	1812	鹿島	1812	鹿島
1724	シンクレイヤ	1808	長谷工	1925	大和ハウス	1757	クレア HD	1963	日揮 HD

すが、色別にすることで傾向は見えてくると思います]。

　グレーが続きそうなセクターを買うことで、銘柄は何であれ利益を出しやすくなります。黒が続きそうなセクターを信用売りすることでも利益を出しやすくなります。

　このように、仕掛けるべきセクターを正しく選定できると、負けにくい投資を行うことが可能になります。

　「なぜ、セクターごとに同じような動きを見せるのか」というと、同じセクターだけに、同じ条件や背景で動きやすいからです。このセクター選びにも、米国の商品市場を追うことが助けになります。

　本節では、米国株式市場の方向感を示し、かつ、先行指標となるWTI原油価格の流れとその在庫の増減（ステップ２）をベースにした、セクター選別方法の「基本パターン」を解説します。

　１）パターン１：原油在庫減少＆原油価格上昇

　２）パターン２：原油在庫増加＆原油価格下落

　３）パターン３：原油在庫増加＆原油価格上昇（２つのケースあり）
　　①原油在庫増加＆原油価格上昇のケース
　　②「原油在庫増加＆原油価格上昇」のケース＋ゴールド価格上昇

　４）パターン４：原油在庫減少＆原油価格下落（３つのケースあり）
　　①原油在庫減少＆原油価格下落のケース
　　②「原油在庫減少＆原油価格下落」＋ゴールド価格下落のケース
　　③「原油在庫減少＆原油価格下落」＋ゴールド価格上昇のケース

1）パターン1：原油在庫減少＆原油価格上昇

　原油在庫が減少しているということは、需給逼迫ですから「買い材料」です。それを受けて、原油価格が上昇しているのであれば、注目すべきセクターはそのままズバリ、原油関連セクターです。石油精製企業や石油掘削企業、エネルギーを扱う商社などを買います。

　なお、このセクターの主な銘柄は以下の通りです（注：代表的な銘柄は将来的に変わってくる可能性もあります。ここでは、どういう銘柄があるのかイメージしやすいように、原稿執筆段階での代表銘柄を紹介しています）。

【5019】出光興産
【5020】JXTGホールディングス
【1605】国際石油開発帝石

　加えてベーカー・ヒューズ社発表の採掘装置（リグ）稼働数を確認し、リグ稼働数が増えているようであれば、

【4023】クレハ
【6309】巴工業
【3355】クリヤマホールディングス

などの採掘に使われる製品を扱う企業を買うのもよいでしょう。

２）パターン２：原油在庫増加＆原油価格下落

　原油在庫が増加しているということは、需給だぶつきですから「売り材料」です。

　それを受けて、原油価格も下落しているのであれば、やはり注目すべきセクターは原油関連セクターです。<u>石油精製企業や石油掘削企業、エネルギーを扱う商社</u>などを信用売りします。

3）パターン3：原油在庫増加＆原油価格上昇（2つのケースあり）

　パターン3には、2つのケースがあります。ひとつは、そのまま「原油在庫増加＆原油価格上昇」に注目するものです。もうひとつは、「原油在庫増加＆原油価格上昇」にプラスしてゴールド（GOLD）も考慮するものです。

①原油在庫増加＆原油価格上昇のケース

　この状況で考えられるのは、実際に原油の輸出が増えていないのにもかかわらず、何かの期待（景気に対する期待や原油の需給に対する期待など）があって原油が買われていることです。

　何度も説明した通り、WTI原油価格は景気に反応しますので、WTI原油価格が上昇過程にあるうちは個別にネガティブな要素がない限り、『景気敏感セクター』が他に比べて上昇しやすい傾向にあります。具体的には、以下のセクターが挙げられます。

◎鉄鋼セクター
◎化学セクター
◎非鉄セクター
◎ゴムセクター
◎紙パルプセクター
◎海運セクター
◎工作機械等の設備投資関連

②「原油在庫増加＆原油価格上昇」のケース＋ゴールド価格上昇

　原油の輸出が増えていないのに、何かの期待があって原油が買われている状況では、金利が低下していることで逆相関の金が買われている可能性が高いことがあります。

254

金利の低下により、逆相関の金が上昇するケース（米国の金利が下落傾向にある中で金価格が上昇するケース）は、各国の中央銀行が「緩和政策」「低金利政策」を打ち出しているときに起こりやすいです。

　また、金利が低下する局面では、債券への投資妙味が減少することから、株式市場に資金が集まることが多く、このようなケースでは東証一部や TOPIX の中で時価総額の大きな銘柄が上昇しやすくなります。

　そもそも債券を運用している人たちのほとんどは、いわゆる機関投資家と呼ばれる大口の投資家です。その運用資産は莫大であることから、金利が低下する局面で株式市場に資金を振り分けようとしても、時価総額の小さな新興市場の銘柄では自分たちのポジションが大きくなり過ぎるため、買いにくい（手を出しにくい）のです。

　その点、大型株であれば、発行枚数も時価総額も大きいため、そういう問題はあまり起こりません。こうした理由から、機関投資家が資金を入れるのは、やはり大型株だと考えられます。

　ですから、金利の低下によって金価格の上昇が確認できたときには、特に東証一部銘柄で、大きな上昇の波を捉えるチャンスとなる可能性が高まります。

　また、金利が低下するということは、企業が抱える負債をより条件の良い低金利の融資に切り替えやすい状況であるとも言えます。負債を抱える企業にとって、利息を抑えることができるのです。

　（企業の行う）ビジネスに多くの資金を必要とするセクターにとっては、低金利がメリットになると考えられます。具体的には、次のセクターが挙げられます。

◎不動産セクター
◎その他金融セクター

◎電力ガスセクター　　など

　これらは低金利メリットセクターであり、金価格の上昇・金利の低下が確認できるケースでは、買いスタンスで利益を出しやすい状況にあると言えるでしょう。

　また、債券市場から株式市場に資金が流れてくるのであれば、株式市場が活性化するとの考え方から、証券セクターの手数料収入が増加する可能性があり、同セクターへの買いも集まりやすくなります。

　「原油在庫増加＋原油価格上昇＋ゴールド上昇」の場合は、直近の決算では原油を利用するセクターや、景気に直結する景気敏感セクターの決算内容は期待できない状況にあると考えられます。

　しかし、原油が上昇しているという点に着目すると、株式市場全体では上昇相場となる可能性が高いと考えられるため、基本スタンスは買いで挑みたいところです。

　また、ゴールドが上昇している理由が低金利であれば、日本の株式市場においては、低金利がメリットとなるセクター、かつ、内需銘柄とされるセクターが買われやすくなると考えられます。したがって、下記のセクターが上昇しやすいと考えています。

◎食料品セクター
◎医薬品セクター
◎電力ガスセクター
◎鉄道（陸運）セクター
◎情報通信セクター

4）パターン４：原油在庫減少＆原油価格下落（３つのケースあり）

　パターン４でも、パターン３同様、「ゴールドの価格を加味するか否か」のケースに分かれます。

①原油在庫減少＆原油価格下落のケース

　原油の在庫が減少しているので、原油に対する需要が増えていると判断することができます。

　にもかかわらず、原油価格が下落しているということは、「景気もしくは原油の需給面で何らかの懸念事項がある」と考えられているからだと言えます。

　このように、実際の需給面と原油価格が逆に動くときには、原油価格と同じ方向に大きく相場が動く可能性があります。したがって、「パターン３の①」で紹介したセクターの銘柄に対して信用売りで挑みたいところです。

②「原油在庫減少＆原油価格下落」＋ゴールド価格下落のケース

　原油在庫減少＆原油価格下落の状況で、ゴールド価格が下落していれば、「ゴールド価格が下落している＝逆相関である米金利が上昇している可能性」があります。つまり、安全資産とされるゴールドや債券市場から資金が流出している状況です。

　また、米国債券が売られ、金利が上昇している状況でゴールドが下落しているとすると、金利の高いドルが買われやすく、ドル高・円安が進む可能性も挙げられます。

　原油在庫は減少しているにもかかわらず、原油価格が下落しているということは、現状の景気は悪くないのに、原油のマーケットでは今後の景気後退を懸念する見方が台頭している可能性があります。

　このケースでは、原油価格の動きに伴い、信用売りで挑みたいとこ

ろです。

　ただし、ゴールドが下落しているのであれば、ドル高・円安や、米金利上昇が考えられますので、外需銘柄や高金利がメリットとなるセクター（保険セクター・銀行セクター）の下支えとなる可能性があります（高金利がメリットとなるセクターなどでは、金利が上昇することで運用利回りが改善するとの期待が高まる。特に、短期金利で借り入れ、長期金利で貸し出す仕組みとなっている銀行は、融資時の利子収入が増えるという期待が浮上しやすい）。要するに、このケースでは、メリットとなる要素（ここでは金利の上昇）があると　全体相場が下げるときには同じように下げることもありますが、デメリットが重なっているセクターに比べて下げ幅が小さくなる（下げが限定的になる）可能性があります。

　そこで、注目すべきは円安がデメリットとなりうる内需銘柄です。ディフェンシブ・セクターには内需銘柄が多く、円安は内需銘柄にとってデメリットとなりやすいのです。

　したがって、全体の流れに沿って、「パターン３の②」で紹介したセクターの銘柄に対して信用売りで臨みます。また、ドル高・円安や、米金利上昇が伴うのであれば、円安もしくは金利高がデメリットとなるセクター（小売りセクターなど）も狙います。このような戦略を採ることで、より大きな値幅が狙えると考えられます。

③原油在庫減少＆原油価格下落＋ゴールド価格上昇のケース

　景気動向に連動しやすいWTI原油価格が下落基調にあるのに対し、ゴールド価格が上昇しているケースでは、「安全資産として」ゴールドが買われている可能性が考えられます（ただし、戦争などの懸念がある場合は金価格・WTI原油価格ともに上昇する可能性が高まります）。

　このケースでは株式市場と金は反対の動きをする傾向がありますの

で、信用売りのスタンスで臨みます。

　または、取引する時間軸を長めに設定し、高利回り銘柄を長期目線で保有することも戦略として取り入れます。

　ゴールドが安全資産として買われている場合、同じ安全資産である円にも買いが集まるため、円高が進みやすくなります。それが、日本株全体の重石となる可能性が出てきます。

　そこで、高利回り銘柄の中でも、ディフェンシブセクターのように、円高が有利に働く銘柄を選択します。全体相場が下げ基調の場合であっても、他のセクターに比べ、下げ幅が限定的になるからです。

　そのため、高利回りのディフェンシブセクターか、円高が有利に働く銘柄を買っておきます。株価が戻るときにはいち早く戻す、もしくは、下げ基調の中でもさほど下げ率が大きくならないというメリットがあります。

◆基本パターンの流れ

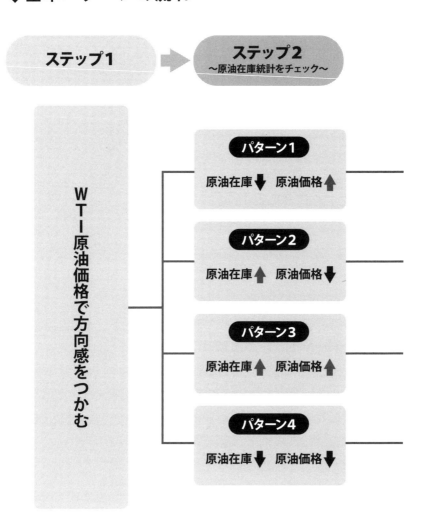

ステップ3
〜注目セクター〜

パターン1

原油関連セクターを買う

パターン2

原油関連セクターを
信用売り

パターン3

鉄鋼、化学、非鉄などの
セクターを買う

パターン3 ＋ゴールド⬆

内需銘柄関連セクター
などを買う

パターン4

鉄鋼、化学、非鉄などの
セクターを信用売り

パターン4 ＋ゴールド⬇

内需銘柄関連セクター
などを信用売り

パターン4 ＋ゴールド⬆

高利回りのディフェンシブ
セクターなどを買う

ステップ3-2
注目するセクターを決める
~プラスアルファパターン~

　4つの基本パターンのなかで、以下のような「石油セクター」や「鉱業セクター」「石油を輸入して製品化していると考えられるセクター」などが抽出されたときには、本節で紹介する「プラスアルファパターン」を使って予測すると、その精度が上がります。

◎石油セクター

◎鉱業セクター

◎石油を輸入して製品化しているセクター

　　・化学セクター　　　　・紙パルプセクター

　　・ゴムセクター　　　　・海運セクター

　　・空運セクター

　プラスアルファパターンは「過去の原油の平均在庫」との比較を確認する方法です。過去の原油の平均在庫については、松本さんが発信している『よそうかい米国市場ニュース』という twitter か、よそうかいが配信している情報で確認しています。EIA の在庫統計でも確認できます。過去の数字を知っておくと、「本当のところ（＝実情）はどうなのか」、決算を予測する材料になります。

　あくまでも "基本パターンの派生形" という位置づけですので、過去の平均在庫と比べて原油在庫が減少している場合をパターン5、過

去の平均在庫と比べて原油在庫が増加している場合をパターン6として、解説します。

　なお、パターン1からパターン4までは直近の流れを意識しているのに対し、パターン5とパターン6は中期的な流れを目安としています。

　例えば、石油セクターで、パターン1やパターン3が見られたとします。このとき、直近では「在庫減」になっていたとしても、過去の平均在庫と比べて積み増しになっている場合は「在庫は増えているので、中長期的には下落の可能性があるかもしれない」という判断になります。

●

1）パターン5：過去の平均在庫と比べて原油在庫減少

　生産量や製油所の稼働率や輸入量は日々変化します。

　産油国の増産や減産の量にも左右されるので正確ではありませんが、過去の在庫量と直近の在庫量を比べることで、石油セクターや鉱業セクター、石油を輸入し製品化している企業などの実際の業績を予測しやすくなると考えています。

　例えば、WTI原油価格が現在60ドルだったとします。1年前も同じ金額（60ドル）だった場合、あるA企業とあるB企業の間での売り上げで違いが出てくるとするならば、そこに見えるのは「どちらに、どれだけ原油を販売する力があったか」のはずです。

　この話を前提に整理すると、1年前と比べて、原油の在庫が減少していたら『販売量が増えている』可能性がありますし、5年間の平均よりも減少していたとすると、より販売量が増えている可能性が考え

られます。

　この場合、石油セクターや鉱業セクターであれば、決算において良好な数字が出てくる可能性があります。

　また、石油を輸入し製品化している企業の多い化学セクターや紙パルプセクター、ゴムセクター、海運セクター、空運セクターなどの業績が好調で、輸入量を増やしている可能性があります。

　したがって、これらのセクターは買いになります。

2）パターン6：過去の平均在庫と比べて原油在庫増加

　パターン5とは逆に、過去と比べてWTI原油価格が同じであるとして、原油在庫が増加しているケースでは、原油の『販売量の減少』の可能性が考えられます。

　前と同じ価格なのに販売量が少なければ、石油セクター・鉱業セクターの業績は下がることになるでしょう。

　石油を輸入し製品化している企業の多い化学セクターや紙パルプセクター、ゴムセクター、海運セクター、空運セクターにおいては、その企業の製品が過去と比べて売れていないことが想定されます。

　したがって、これらのセクターを信用売りすることになります。

●

　セクター選びのときは、基本的には、まずパターン1～パターン4での選別を行います。

　そのうえで、プラスアルファ的な仕分けとして、「石油セクター・鉱業セクター・化学セクター・紙パルプセクター・ゴムセクター・海運セクター・空運セクター等」を選んだ場合は、パターン5やパターン6で説明した通り、過去の原油在庫との比較を見ます。そのとき、「市

◆プラスアルファパターンの流れ

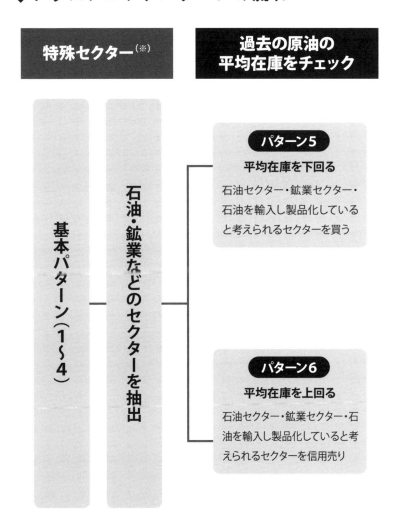

特殊セクター(※)

過去の原油の平均在庫をチェック

基本パターン(1～4)

石油・鉱業などのセクターを抽出

パターン5
平均在庫を下回る

石油セクター・鉱業セクター・石油を輸入し製品化していると考えられるセクターを買う

パターン6
平均在庫を上回る

石油セクター・鉱業セクター・石油を輸入し製品化していると考えられるセクターを信用売り

※特殊セクターとは、石油セクター・鉱業セクター・石油を輸入し製品化していると考えられるセクター（化学セクターや紙パルプセクター、ゴムセクター、海運セクター、空運セクターなど）を指す

場で想定されている決算内容との相違が出そうな場合には、決算を挟んで持ち越しをすること」があります。

　原油在庫と原油価格を過去のものと比較することは、決算予測の精度を上げることにつながるでしょう。

第**5**章

ボトムアップ方式の銘柄選択

～第1節～
ボトムアップ方式とは

　銘柄選択の方法には、商品市場の動向だけに注目した方法もあります。例えば、「WTI原油価格が上がったら●●セクターに注目する」といったたぐいのやり方です。「風が吹けば、桶屋が儲かる」的な投資法です。

　ボトムアップ方式を行うにあたっては、米国の商品市場と、その商品における日本での輸入状況、日本国内のセクターとの関連性を把握しておく必要があるでしょう。本書では、以下の商品市場の動向に関連する各セクターについて紹介します。

1）WTI原油
2）天然ガス
3）大豆
4）コーン
5）GOLD（金）
6）小麦

　なお、「今、価格が上がっている・いない」の判断は、チャートを見ます。例えば、「米国　大豆価格」などで検索すると、いろいろとチャートが出てきます。値動きがわかるのであれば、何でも構いません。参考までに、「世界の株価（https://sekai-kabuka.com/commodity.html）」を紹介しておきます。

～第2節～
WTI 原油価格の動向から
注目するセクターを選ぶ

WTI 原油については、WTI 原油価格の上昇がメリットになるセクターと、WTI 原油価格の下落がメリットになるセクターに分けて考えます。

1）WTI 原油価格が上昇している場合

石油精製企業や石油掘削企業、エネルギーを扱う商社などは、WTI 原油価格の上昇がメリットになると考えられるセクターです。

原油価格の上昇がメリットとなる背景には、日本の法律が関係しています。

日本には、石油備蓄法令があります。石油精製業者には、石油の備蓄を確保するとともに、石油の適切な供給を図るため、日本への石油供給が不足する事態が生じた場合において、石油の安定的な供給を確保し、それをもって国民生活の安定と国民経済の円滑な運営に資することを目的に、日本の石油消費量の 70 日分の備蓄が義務付けられています。

つまり、石油価格が上昇すると、石油精製業者にとっては在庫評価損益がプラスに働く期待が高まりやすくなるのです。

WTI 原油価格が上昇基調であれば、それだけ業績への期待が高まります。同セクターも、その動きに連動しやすいのです。

もっと言うのであれば、上記セクターの銘柄は景気敏感株であるため、WTI原油価格が上昇傾向にあるとき、かつ、マーケットに不安材料が見当たらないとき（ゴールドが上昇傾向でないとき）で、原油在庫が過去の平均よりも減少していると、大きく上昇しやすくなります。

　また、決算のたびに想定原油レートが発表されます。したがって、石油精製業者に関しては、その価格を押さえておくことで、次の決算に向けて業績が修正される可能性についても計算しやすいという利点があります。

　さらには、米国のほうが日本よりも決算発表が早いため、「同業種の銘柄（米国ではシェブロンやエクソンモービル）の決算に対する反応と、日本の石油精製業者の決算に対する反応は同じようになることが多い」という理由から、米国の同業種の決算内容を確認してから日本株の利益確定のタイミングを計るという後追いが可能であることも、石油精製業者に注目するメリットと言えるでしょう。

　基本的には、決算と決算の間の時期にWTI原油価格の上昇が確認されれば、買い戦略が有効になります。

　なお、それぞれの代表的な企業（注：原稿執筆時点）は以下の通りです。

【原油価格の上昇が業績にプラスに働くセクター】
◎原油関連セクター

（主な銘柄）
【5019】出光興産
【5020】JXTGホールディングス
【1605】国際石油開発帝石

（隠れ原油銘柄）

【4023】クレハ（シェールガス・オイル掘削のコスト低減と、工期短縮に貢献する PGA 製部品を生産）

【6309】巴工業（採掘に使われる遠心分離機を手掛ける会社）

【3355】クリヤマホールディングス（掘削時に使うホースを扱う会社）

（基本方針）

◎風が吹けば　→　桶屋が儲かる

◎ WTI 原油価格が上昇したら

　→石油精製企業や石油掘削企業、エネルギーを扱う商社を買う

２）WTI 原油価格が下落している場合

　海運・陸運・空運・紙パルプ・化学のセクターは原油を原材料等で使用している銘柄群です。景気敏感セクターであるため、実際に原油価格が上昇しているときにも上がりますが、下落しているときにも仕入れ（原材料）費の低下から底堅い動きをすることが多々あります。

　ですので、原油価格は下落していても、原油在庫の推移に変化がないケースや、在庫が減少傾向にあるときには買いで臨みます。

　通常、決算を通過し、WTI 原油価格が上昇傾向（＝株式市場が上昇傾向）にあるときには、これらのセクターの銘柄も上昇しやすいのですが、一方で、WTI 原油価格の上昇は原材料費の増加につながることも忘れてはいけません。

　したがって、在庫の減少が伴う WTI 価格の上昇であれば、原材料

費が増加しても企業が輸入量を増やしている、つまり、原油関連のセクターの商品に対する需要があると考えられます（252 ページの「パターン 1」の状態）。

逆に、何らかの期待で WTI 価格が上昇（＝株式市場が上昇）してはいるものの、原油の在庫が過去と比べて増えているときには、原材料費が上昇しているにもかかわらず、実際には企業の商品は売れていないと判断できます（254 ページの「パターン 3」の状態）。要するに、仕入れている原油量は増えていないと見ることができます。

海運や陸運（配送業者）、空運に関しては、ガソリン燃料は日々消費する必要不可欠な経費です。当然、原油価格が減少すれば、ガソリン代（＝コスト）が安くなりますので、状況は好転します。

なお、空運セクターに関しては、燃油サーチャージとして価格転嫁しやすい部分があります。そのため、想定原油レートを WTI 原油価格が上回り（理論値よりも高い＝割高）、全体の流れが上昇基調のときに信用売りでリスクを取るよりは、想定原油レートを WTI 原油価格が下回り（理論値よりも低い＝割安）、WTI 原油価格が下落傾向にあるときに、利益率の向上を見越した買い戦略を取るほうが有効的でしょう。

紙パルプや化学セクターに関しても、原油価格の下落は原材料費の縮小に寄与します。

逆に、WTI 原油価格の上昇は、これらの業種には原材料費増加懸念となりますので、業績を圧迫する可能性が出てきます。

決算での持ち越しを考えるのであれば、第 4 章で紹介したパターン 5（過去の平均在庫と比べて原油在庫減少）、もしくはパターン 6（過去の平均在庫と比べて原油在庫増加）のどちらの状況なのかを見ておくと、業績の予測がしやすいでしょう。

【原油価格の下落が業績にプラスに働くセクター】

◎海運セクター

◎陸運セクター

◎空運セクター

◎紙パルプセクター

◎化学セクター

（基本方針）

◎風が吹けば　→　桶屋が儲かる

◎ WTI 原油価格が下落したら

　→海運や陸運、空運、紙パルプ、化学セクターを買う

３）事例紹介　その１：資生堂

　2019 年 6 月から WTI 原油価格は下値を切り上げながら緩やかに上昇。日経平均株価も 9 月から上昇に転じました。

　8 月の決算発表や原油価格の上昇基調、景気敏感セクターの物色もあって、資生堂株は上昇基調を見せていました。

　しかし、この期間の原油在庫は、前年に比べ需給の緩みが出ている状況でした。つまり、景気敏感セクターとして買いが集まってはいたものの、原油の需給を見る限り、原油を原材料として使用する化学セクターでは、原材料の仕入れが増えていなかったのです。

◆WTI原油価格

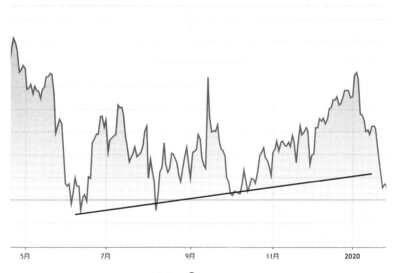

出典： Trading View　https://jp.tradingview.com/

◆日経平均株価

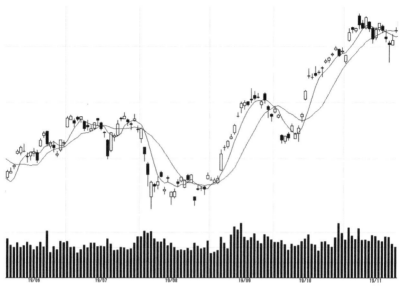

出典：チャートギャラリー

◆資生堂

出典：チャートギャラリー

275

また、原油価格が緩やかながらも上昇を見せていることが理由で、原材料費の上昇、原材料の仕入れが増えていないと考えれば、前年に比べ商品は売れていない、もしくは、「今後、商品の販売量が増えると見ていないがゆえに仕入れを増やしていない状況である」と考えられます。

　つまり、8月の決算発表の内容は良好であったものの、利益率という観点では、悪化する可能性が高いと判断できる状況でした。

　実際に11月の決算発表では、通期の利益見通しを下方修正。原材料費の高騰などを理由にした話が決算資料の中で紹介されています。

　このように、原油の在庫や原油価格の動向を見ると、次の決算の内容を予測することができます。その結果、待ち伏せ投資が可能となるのです。

4）事例紹介　その2：JXTG

　2018年3月14日、松本さんとセミナーに登壇させていただいた当時の日経平均株価は2月からの大幅な調整局面の最中であり、WTI原油価格は株式市場と同様に1月の高値から大きく下落していました。ですが、3月末に向け、米国ではドライブシーズンの需要による期待から買いが入りやすいこと、原油在庫は過去5年平均の在庫量を大幅に下回っていたことを背景に、原油価格は上昇に転じるとの見通しを聞き、同セミナーでも推奨した石油セクターの【5020】JXTGの買いを決めました。

　松本さんの見立て通り、原油は61ドル台から76.9ドルまで値を上げ、それに呼応するように【5020】JXTGも620円台から900円ちょうどまで上昇しました。約半年で30％近く上昇。原油在庫・原油価格の大きなトレンドに乗り、セクター別で見ても2018年上半期にもっとも上昇した石油セクターの勢いを掴むことができました。

◆WTI原油価格（チャートは日足3年のもの）

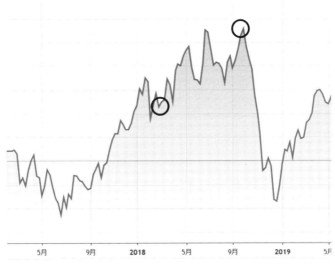

出典： Trading View　https://jp.tradingview.com/

◆JXTG（チャートは日足3年のもの）

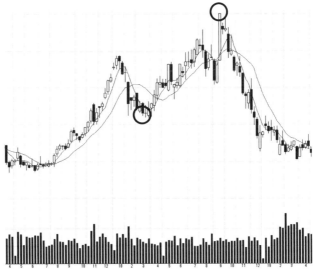

出典：チャートギャラリー

~第3節~
天然ガス価格の動向から
注目するセクターを選ぶ

　天然ガスについても、天然ガス価格の上昇がメリットになるセクターと、天然ガス価格の下落がメリットになるセクターに分けて考えます。

1）天然ガス価格が上昇した場合

　ガスセクターやLNGに出資している企業は、天然ガス価格の上昇がメリットになると考えられるセクターです。

　米国の天然ガス価格が上昇している＝ガスなどのエネルギー需要が多い状況であることが考えられます。

　ガスを扱う企業にとって、天然ガス価格が上昇するということは、扱っている商品価値が上昇する、ということでもあります。つまり、企業業績が上振れする可能性が高まります。

　また、ガスの需要があるということは、必然的にLNG（液化天然ガス）の需要もあると考えられるでしょう。

　LNG企業は米国にも多く、日本でも米国のLNG企業に出資している企業は増えてきています。

　また、暖房需要など、価格動向に季節性が出やすいことから、天然ガスの在庫状況が例年に比べて多いのか、少ないのかは、在庫を確認

することで見ることができます。ひいては次の決算に向けて業績にどのように影響するかを想定しやすくなるでしょう。

【天然ガス価格の上昇が業績にプラスに働くセクター】
◎ガスセクター

（主な銘柄）
◎ LNG カナダ：三菱商事 15% 出資
◎フリーポート LNG（米）：大阪ガス、中部電力出資（各 25%）
◎キャメロン LNG（米）：JLI（三菱商事、郵船）、三井物産出資（各 16.6%）
◎パシフィック・ノース・ウエスト LNG（加）：石油資源開発 10% 出資
◎クレハ（シェール関連）：三菱商事（シェール関連）

（基本方針）
◎風が吹けば　→　桶屋が儲かる
◎天然ガス価格が上昇したら
　　→ガスセクターや LNG に出資している企業を買う

２）天然ガス価格が下落した場合

　電気セクター（電力会社）は火力発電の燃料としてLNGや石炭、石油を使用しています。これらの輸入燃料価格が下落することで、仕入れ価格を抑えることにつながりますから、業績がアップしやすいと考えられます。したがって、このセクターを買いで狙います。

　また、天然ガス価格が下落した場合には、天然ガス価格の下落がデメリットになるセクターや企業（前ページで紹介したLNGに出資している企業など）を信用売りします。

【天然ガス価格の下落が業績にプラスに働くセクター】
◎電気セクター

（基本方針）
◎風が吹けば　→　桶屋が儲かる
◎天然ガス価格が下落すれば
　→電気セクターを買う
　　もしくは、LNGに出資している企業を信用売り

３）事例紹介：大阪ガス

　2018年10月、天然ガス価格がようやく3ドルを超えたばかりのころ、松本さんから『在庫が平年を44％下回る水準にあることを背景に、冬の寒さが厳しければ真冬に向けて天然ガス価格が大きく上昇、4〜5ドルまで上昇してもおかしくない』との見立てを伺いました。

　その見立て通り、天然ガス価格は、11月には4.929ドルまで上昇し

◆天然ガス価格

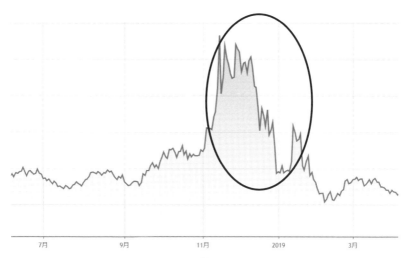

出典： Trading View https://jp.tradingview.com/

◆大阪ガス

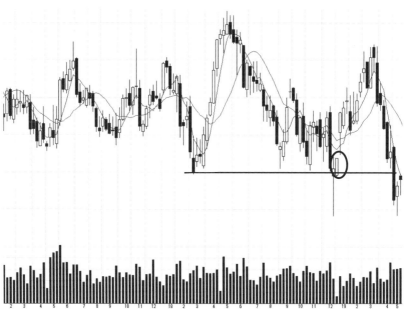

出典：チャートギャラリー

ました。

　この天然ガス価格上昇の恩恵が決算発表に反映されるのは「1月末（の決算）」であることから、相場全体が落ち着くのを待って買いで狙いました（2018年10月初めから景気減速を懸念した原油価格の大幅な下落が止まったのを確認＆大阪ガスの直近のサポートラインに支えられたのを確認してから買いで参戦）。

　当時、米国株式市場・日本株式市場ともに大きな調整をしたことから、不安定な相場が続くことも想定。不安定な相場が続いたときには、電力・ガスセクターは底堅い動きを見せることが多いということも買い材料でした。その後はチャートの通り、3月半ばまで右肩上がりの上昇を見せました。

　1月末の決算では、災害による特別損失を計上したことにより減益とはなったものの、セグメント別概況を見ると、『海外エネルギー』セグメント利益は、LNG販売量の増加などを受けて増益と記されていました。

～第4節～
大豆価格の動向から
注目するセクターを選ぶ

　大豆に関しては、まず日本の輸入状況について知っておくとよいでしょう。

◎農林水産省が公表しているデータによると、2015年の時点で大豆の自給率はわずか7%
◎日本の食用大豆のうち約7割は米国からの輸入大豆。食用の大豆自給率は25%で、現状では大豆の輸入は無税
◎現在、日本で販売されている豆腐に使用されているもののほとんどが米国産のnon-GMO大豆であること。大豆加工品についても原料の大豆を輸入している。国内の大豆需要の28%が食用で、67%が油糧用
◎国産大豆の生産県のうち約5割が北海道。地震などの災害によって農産物の収穫に影響が出るような場合においては、大豆の輸入量がさらに増える可能性が高まる

　以上を踏まえて、大豆価格の上昇がメリットになるセクターと、大豆価格の下落がメリットになるセクターに分けて解説します。

1）大豆価格が上昇した場合

　現在のところ、中国の大豆消費量は世界でもトップクラスであることから、米国農務省が発表する USDA 輸出成約高をチェックしておくと、中国経済を見るうえでのバロメータになります。

　もちろん、米国以外の国からも輸入はしているでしょうが、米国からの輸入の増減を追っていくと、（米国からの輸入を）増やしている状況であれば、中国経済は良好であると考えられます。逆に輸入量がそれほど増えていない状況であれば、中国経済に懸念が浮上しやすい状況と捉えられます。

　この観点から考えると、中国の大豆輸入量が増加し、米国大豆価格が上がっているときには、中国関連銘柄と位置づけられやすい工作機械セクターや、非鉄セクター、鉄鋼セクターなどは上昇しやすいと考えられます。戦略として「押し目買い」が有効です。

【大豆価格の上昇により上昇期待が持てるセクター・銘柄】
◎非鉄セクター　　◎工作機械セクター　　◎鉄鋼セクター
◎中国関連銘柄 ［中国での売上比率が高いとされる銘柄（コマツや安川電機、資生堂等)］　　　　　　　　など

（基本方針）
◎風が吹けば　→　桶屋が儲かる
◎大豆価格が上昇したら
　→中国関連銘柄に注目。非鉄セクター、鉄鋼セクター、工作機械セクターを買う

２）大豆価格が下落した場合

　先述した「日本の輸入状況」からは、大豆商品を主として扱う銘柄にとって、米国の大豆価格＝仕入れ価格となることがわかります。

　大豆価格が上昇すると、仕入れ価格の上昇につながりますから業績圧迫、もしくは利益率の低下を招いて株価は下落しやすくなります。

　逆に、大豆価格が下落すると、仕入れ価格の低下につながるとの考え方から、業績の上振れ、もしくは利益率の改善が期待できるため、株価は上昇しやすくなります。

　食品の場合、仕入れ価格の変動を、その都度、販売価格に転嫁しにくいことが挙げられます。

　また、価格を引き上げることで販売数の減少に対する懸念が出てくるのか、それとも価格上昇によって売り上げに対する期待が出てくるかは、そのときどきの日本経済の状況に左右されると考えてよいでしょう。

　ただ、日本政府がデフレ脱却を目標にしている現時点（2020年）においては、値上げが好感されやすい状況が続いているようです。

　大豆を扱う銘柄の多くは食料品＝内需関連銘柄に属するものが多いです。実際にはほとんどの企業が海外展開していますが、相場全体の流れが下向きのときでも、内需関連銘柄に関してはディフェンシブ・セクターの一角として買われることも多く、外需銘柄に比べ下落しにくいことがあります。そのため、日経平均が軟調に推移する可能性があるときでも、仕入れ価格が下がり、業績に期待が持てるときには買いで参戦するのもよいのではないかと考えています。

　例えば、大豆を原料として作られる醤油を例に挙げましょう。1世帯ごとの醤油の消費量が急に倍になることや、急に半減するようなことは考えにくいでしょう。

　海外展開を増やしていくことで、販売数量が増えていくことは考えられますが、東証一部の大型銘柄であれば、ある程度の海外展開はす

でに行っていることも想定されます。そうなると、急激に販売数が増えることを期待するよりも、仕入れ価格が業績に与える影響のほうが大きいと考えるのが現実的です。

　具体的には、大豆を扱う食料品銘柄（キッコーマンなど）の場合、決算で業績が好感されていれば全体の流れにそれほど振らされることもなく、決算後の流れが次の決算まで続きやすいという特徴が見られます。

　例えば、株価が上昇を続けていて、決算を通過した後、大豆価格が上昇し始めた場合には、次の決算発表では収益率が低下する可能性が高いため、そこに向けて高値では信用売りをする待ち伏せ投資が有効でしょう（大豆価格の上昇＝コストアップ→業績悪化）。

　逆に、前の決算を受けて株価が下落を続けていたものの、今回の決算を通過した後、大豆価格も下落し始めた場合には、次の決算では収益率が改善する可能性が高いため、下げたら買うスタンスが有効だと考えられます（大豆価格の下落＝コストダウン→業績改善）。

【大豆を扱う代表的な食料品企業】

◎【2801】キッコーマン（大豆を原料とした醤油）

◎【2613】Ｊ－オイルミルズ（食用油）

◎【2209】井村屋グループ（大豆を原料とした豆腐を扱う）

◎【2607】不二製油グループ本社（油脂・製菓・製パン素材、大豆を主とした食の提供）

◎【2908】フジッコ（豆製品を扱う）

（基本方針）

◎風が吹けば　→　桶屋が儲かる

◎大豆価格が下落したら　→　食料品セクターを買う

3）事例紹介：キッコーマン

　以下は、2018年5月22日の松本さんの「大豆」に関するレポートです。

●

　シカゴ大豆は続伸。前日の買いの流れを引き継ぎ、ブラジルのトラック運転手のストライキや小麦上昇も支援材料となった。7月限は夜間取引でやや売りに押されて弱含んだが、1020セント割れに迫るとブレーキがかかった。限定的な下げに着目し、早朝には買いが集まり回復。通常取引に入って上昇が進み、1030セント台に上がった。1036-0セントと7日以来の高値を更新。その後は伸び悩み、前日終値を下回る場面もあった。ただ、買いの流れが完全に切れることもなく、取引終盤に改めて小じっかりとした。

　目先の流れは、再び弱気に転じると予想する。週末に米中が通商協議で共同声明を発表、交渉が行われている間は懲罰的な関税の発動を行わない方針を示したことは確かに大きな買い材料ではあるが、まだ具体的な合意がほとんどなされていないことを考えれば、あまり大きな期待は掛けるべきではないだろう。

　この先、交渉が難航するなら、再び、追加関税の話が浮上することも十分に考えられる。少なくとも中国が米産に対して上乗せ関税を掛けるとの懸念が払拭されない限り、米国の輸出低迷は続く可能性が高い。一方では作付が平年を上回るペースで順調に進んでおり、生育が順調なら生産が増加することも十分にあり得る状況となっており、こちらもやはり弱気に作用することになるだろう。さらなる反発の余地は、あまり大きくは残っていないのではないか。

●

この意見を参考に、大豆価格の低迷を見越して、【2801】キッコーマンを買いました。その後、松本さんの見立ての通り、米国大豆先物価格は大きく下落。日経平均株価は米中通商協議を懸念した動きも見られ、上値の重たい展開となったものの、キッコーマンは5000円前後から6800円を超えるまで上昇しました。

◆大豆価格

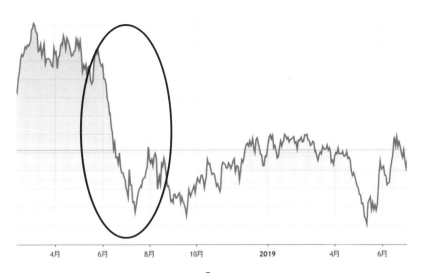

出典：Trading View　https://jp.tradingview.com/

◆キッコーマン

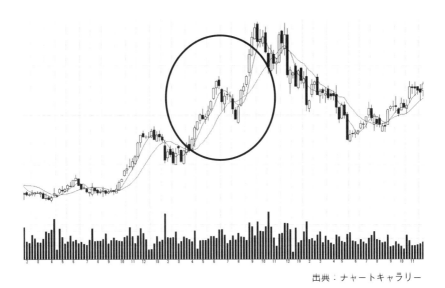

出典：チャートギャラリー

◆日経平均

出典：チャートギャラリー

～第5節～
コーン価格の動向から
注目するセクターを選ぶ

　コーンも、最初に日本のコーンの輸入状況について理解しておくと銘柄探しのヒントになるでしょう。

◎ 2015年時点で、コーンの国内生産は0%で、日本はコーンを100％輸入に頼っている状況（農水省や総務・財務省などの統計上の分類で『穀物』とされるコーン）
　※日本で生産されるコーンは『穀物』ではなく、スウィートコーンに分類される
◎ 2016年時点での主な輸入先は74.5％が米国、次いで24.3％がブラジル。米国からの輸入に頼っていると言える
◎輸入コーンの消費量のうち65％は飼料として、20％はコーンスターチとして消費されている
◎ USDA（米国の農務省）の国別輸出量を見ると、トップの輸出先は日本
◎最近ではエタノール向け、（トウモロコシ由来の）バイオ燃料向けの需要も増加傾向

　本節でも、以上を踏まえて、コーン価格の上昇がメリットになるセクターと、コーン価格の下落がメリットになるセクターに分けて解説します。

1）コーン価格が上昇した場合

　コーンの価格が上がると、仕入れ値・原材料費の上昇につながりますので、コーンを使った商品を扱う企業を信用売りします。その理由は、コスト増によって業績の利益率が下がるからです。

　例えば、再生可能な生物由来のバイオマス（資源）から生成するエタノールを扱う企業（エタノールを製品化し販売している企業）や、畜産用の配合飼料、コーンスターチを扱う企業（コーンスターチを製品化し販売している企業）にとっては、米国コーン価格の動向によって原材料費が増減すると考えられます。

（主な銘柄）
◎【2060】フィード・ワン（飼料を提供）
◎【2004】昭和産業（コーンを原材料とするコーンスターチを提供）

> **（基本方針）**
> ◎風が吹けば　→　桶屋が儲かる
> ◎コーン価格が上昇したら
> 　→コーンを使った商品を扱う企業を信用売り

2）コーン価格が下落した場合

　逆に、米国コーンの価格が下がれば、仕入れ価格が安く抑えられることから利益率が向上・改善される可能性が高まります。

　なかでも、輸入コーンの消費量のうち65％は飼料として扱われている状況であることから、畜産用の配合飼料を製造・供給している企

業にとっては、米国のコーン価格の変動は業績に大きな影響を与える要因だと考えられます。

　ただし、コーン価格の下落が確認できても、豚コレラや鳥インフルエンザなどにより飼料の需要が減少する可能性があるときには、買いで入るのは注意が必要だと考えています。仕入れ値が抑えられたとしても、需要が減れば、その分、売り上げは減ることになると考えられるからです。

（基本方針）

◎風が吹けば　→　桶屋が儲かる

◎コーン価格が下落したら

　→コーンを使った商品を扱う企業を買う

3）事例紹介：フィード・ワン

　下記は、【2060】フィード・ワンの決算発表資料（有価証券報告書）の『事業の状況』に記載されている一文です。フィード・ワンの業績について、コーンは海外からの輸入に頼っていることで、先物相場の状況により原価コスト（仕入れ）に影響がある旨、記されています。

（5）経営成績に重要な影響を与える要因
　当社グループの経営成績及び財政状態に重要な影響を与える要因は、次のとおりであります。
　当社グループにて製造・販売する配合飼料の主原料（とうもろこし等）の多くは海外からの調達に頼っているため、米国等の産地での作付面積・天候変動による収穫量の増減、先物相場における投機筋の動向、海上運賃の変動等は、原料コストに大幅な変動を与える可能性があります。
　また、為替相場の急激な変動が調達コストに反映され、経営成績に重要な影響を及ぼします。このため為替予約を行い、影響を最小限に止める努力をしておりますが、計画された原料コストによる調達ができない可能性があります。

◆コーン価格

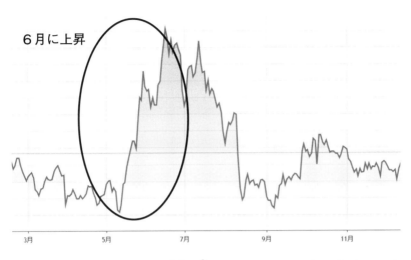

６月に上昇

3月　　5月　　7月　　9月　　11月

出典： Trading View　https://jp.tradingview.com/

◆フィード・ワン

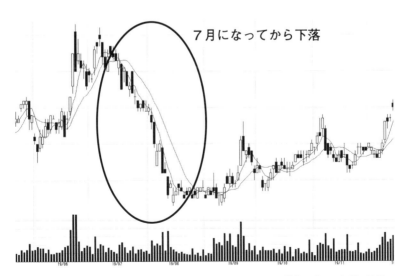

７月になってから下落

出典：チャートギャラリー

2019 年 5 月末から 8 月初めまで、米国のシカゴコーン価格は大きく跳ね上がりました。

　シカゴコーン価格の上昇を受けて、フィード・ワンの株価は 7 月から 9 月にかけて下落基調を見せています。

　実際には、コーン価格とフィード・ワンの株価が連動しているというよりは、価格の大きな変動を確認した後に株価が動いていることがわかります。

　このように、ボトムアップ方式で挙げた銘柄については、米国商品市場の動きに後からついてくるケースも多いのです。

◆コラム：豆知識

　株式市場では「期待で買って、結果で売る」とよく言われ
ます。「期待」という観点から、エタノール向けのコーン在
庫が減少し、需給が引き締まっていることでコーンの価格が
上昇傾向にあるときには、再生可能エネルギーを手掛ける企
業には追い風となる可能性があると思います。

　米国環境保護庁（EPA）は、2019年3月、エタノールを
最大15％含む混合ガソリン（E15）の通年販売を許可してい
ます。それまでは、エタノールの混合率が10％のガソリン
（E10）は許可されていたものの、E15は夏季の販売許可は
ありませんでした。

　米国のガソリンスタンドでは、このようにエタノール混合
ガソリンの選択が可能な状況にあります。ガソリン価格が上
昇すれば、E15を選択する人が増えるでしょうし、逆にガソ
リン価格が低下すればE15よりも通常のガソリンを選ぶ人
が増えるでしょう。

　このような状況であるがゆえに、コーンエタノールの需要
はWTI原油価格を睨みながら動くのです。

　このことからは、「国策の変更によって、コーンエタノー
ルの需要が増減する」というシナリオが考えられます。

　一方で、WTI原油価格が上昇している状況で、コーンエ
タノールの在庫が減少しているときには、価格の安い「再生
エネルギー」の分野への期待が浮上しやすくなると言えるの
ではないでしょうか。

また、新たなエネルギー源として太陽光や風力、水力、地熱、太陽熱、大気中の熱、その他の自然界に存在する熱やバイオマスを扱う企業に期待を持って投資をしている方も多いでしょう。

　執筆現在、コーンエタノールの需要は「米国国内の需要」によるものではあるものの、以下の状況が見られています。

①米国でコーンエタノールの需要が増えている
②ガソリン価格が上昇している

　そうであれば、産油国である米国のガソリン価格が上昇→米国から原油を輸入している国のガソリン価格が上昇→米国から原油を輸入している国では価格を抑えられる再生エネルギーの需要が増える、という流れが想定できます。

　こういった状況になった場合、「ガソリン価格」を取り上げる報道が増えることから、同時に再生エネルギーに対する注目も集まりやすくなると考えられます。

　どんなときに当該テーマが注目されるのか。テーマが取り上げられるまで長期目線で保有し続けるのもひとつの方法だとは思います。期待が浮上しやすい状況下、つまりは米国でエネルギー価格（原油価格）が上昇ないしは高止まりし、米国でのコーンエタノールの在庫が減少して需給が引き締まっている、もしくは引き締まり傾向にあるときに、こういったテーマが浮上しやすいと言えると思います。

～第6節～
金（ゴールド）価格の動向から注目するセクターを選ぶ

　金（ゴールド、以下略）の特徴として、次のことが挙げられます。

◎安全資産としての役割がある
◎貴金属としての役割がある
◎金利と逆相関の関係がある
◎株式市場と反対の動きをする傾向がある

　金価格が上昇しているときには、以下のいずれかの状況であることが考えられます。

1）「低金利」であるか
2）マーケットに懸念があり「安全資産」として買われているか
3）貴金属としての金の需要が増えているか

　それぞれのケースで狙うべき銘柄について説明します。

1）金利の低下により、逆相関として金が上昇している場合

　金利の低下は、各国の中央銀行が「緩和政策」「低金利政策」を打ち出しているときに起こりやすいです。

第2部第4章でも説明しているように、金利が低下する局面では、債券への投資妙味が減少することから、株式市場に資金が集まることが多くなります。このようなケースでは、東証一部上場銘柄やTOPIX構成銘柄のような時価総額の大きな銘柄が上昇しやすくなります。

　そもそも債券を運用している人たちには、機関投資家と呼ばれる人たちが多いです。彼らの運用資産は莫大ですから、時価総額の小さな新興市場の銘柄よりも、多くの資金を運用できる大型株へ資金が入りやすい状況になると考えられます。

　したがって、金利の低下や金価格の上昇が確認できたときには、特に東証一部銘柄で大きな上昇の波を捉えるチャンスとなる可能性が高まります。

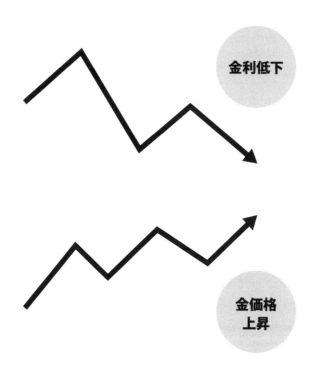

さらに、金利が低下するということは、「企業が抱える負債をより条件の良い低金利の融資に切り替えやすい状況であること」を意味します。つまり、企業の負債の利息を抑えることが可能になります。

　そのため、企業の行うビジネスに多くの資金（融資や借り入れ）を必要とするセクターにとっては「低金利それ自体がメリットになる」と考えられます。

　狙い目は、不動産セクターやその他金融セクター、電力ガスセクターなどです。金価格の上昇や金利の低下が確認できるケースでは、買いスタンスで利益を出しやすい状況にあります。

　また、債券市場から株式市場に資金が流れてくるのであれば、株式市場が活性化するとの考え方から、証券セクターの手数料収入が増加する可能性があり、同セクターへの買いも集まりやすくなります。

【ゴールド価格の上昇（かつ金利低下）により上昇期待が持てるセクター】
◎不動産セクター
◎その他金融セクター
◎電力ガスセクター
◎情報通信セクター
◎日経平均株価や TOPIX の指数連動型 ETF など

（基本方針）
◎風が吹けば　→　桶屋が儲かる
◎金（ゴールド）価格が上昇（かつ金利が低下）したら
　→不動産セクターやその他金融セクター、電力ガスセクターの企業を買う

2）金利が上昇している場合

　逆に、金利が上昇し、金が下落しているときは高金利がメリットとなるセクターを買いで狙うのが良いでしょう。メリットとなるのは、保険セクターや銀行セクターです。

　金利が上昇すると、保険会社の運用利回りの改善につながります。要するに、業績に対する期待が浮上しやすくなります。銀行は短期金利で借り入れ、長期金利で貸し出す仕組みとなっているため、長期金利の上昇＝融資したときの利子収入が増えることになりますから、業績にもプラスに働きます。

【ゴールド価格の下落（かつ金利上昇）により上昇期待が持てるセクター】
◎銀行セクター
◎保険セクター　　など

> **（基本方針）**
> ◎風が吹けば　→　桶屋が儲かる
> ◎金（ゴールド）価格が上昇（かつ金利が低下）したら
> 　→保険セクターや銀行セクターの企業を買う

3）安全資産として金（ゴールド）が上昇している場合

　安全資産として金が買われるケースでは、景気動向に連動しやすいWTI原油価格が下落基調になることが多いので、WTI原油価格の動向と合わせて確認するとよいでしょう（ただし、戦争などの懸念があ

る場合は金価格・WTI原油価格ともに上昇する可能性が高まります)。

　このケースでは、株式市場と金は反対の動きをする傾向があります
ので、信用売りのスタンスで臨みます。一部の大型銘柄で高値圏にあ
るもの、もしくは、その他の米国商品(WTI原油・大豆・コーン・
小麦など)を確認し、企業にとって商品動向がマイナスに働く可能性
のあるものには戻り売りスタンスで臨みます。

　または、取引する時間軸を長めに設定し、高配当利回り銘柄を長期
目線で保有することも戦略として取り入れます。

　高配当利回り銘柄の中でも、安全資産として買われている場合では
円高が進むことも考えられます。そこで、高配当利回りでありつつも
ディフェンシブ・セクターや、円高がメリットとなる銘柄を買うこと
で、株価が戻るときにもいち早く戻す、もしくは、下げ基調の中でも
さほど下げ率が大きくならない可能性を狙います。

　安全資産としてゴールドに買いが集まっている状況のときには、「何
が要因か」によって狙う銘柄が変わるので、代表的な銘柄はありません。

　また、配当利回りは、「配当金÷投資元本×100(100株購入した場
合)」で算出されますから、高配当利回りのものに関しても株価次第で
変動するため、決まったものはありません。その時々で、インターネ
ットで『高配当銘柄』と検索すれば簡単に探すことができると思います。

> **(基本方針)**
> ◎風が吹けば　→　桶屋が儲かる
> ◎安全資産としての金が上昇すれば
> 　→大型銘柄で高値圏にあるものを信用売り
> 　→高利回り銘柄を買う

4）貴金属の需要増によって金価格が上昇する場合

　このケースでは金価格の上昇が、金を扱う企業の在庫価値を上げることにつながります。在庫価値がプラスに働くことで、当該企業の株価は上昇しやすくなるでしょう。

　金鉱山を保有している企業や、貴金属のリサイクル、都市鉱山からの資源回収に注力しているような企業に買いスタンスで臨みます。

【代表的な銘柄】

◎【5713】住友金属鉱山（日本唯一の金鉱山である菱刈鉱山を保有している）

◎【5857】アサヒホールディングス（都市鉱山からの資源回収に注力している）

（基本方針）

◎風が吹けば　→　桶屋が儲かる

◎貴金属の需要によって金価格が上昇したら

　→金鉱山を保有している企業や、貴金属のリサイクル、

　　都市鉱山からの資源回収に注力しているような企業を買う

5）事例紹介：アサヒホールディングス

　2018年10月4日、ペンス副大統領がハドソン研究所で行った演説から、米中貿易摩擦が悪化する懸念が浮上。ゴールドも上昇。

　ゴールド価格の上昇開始、環境問題が注目テーマにもなり、都市鉱

◆日経平均（日足）

出典：チャートギャラリー

◆アサヒホールディングス（日足）

出典：チャートギャラリー

山からの回収もこの銘柄にとってプラスになると考え、このころに登壇したセミナーでこの銘柄の買いを推奨しました。

　10月初めは日経平均の下落につられる形で軟調に推移する場面もありましたが、決算を機に大きく上昇しました。

～第7節～
小麦価格の動向から
注目するセクターを選ぶ

　まずは小麦の輸入体制について理解しましょう。

◎日本国内で使用する小麦のうち、9割は海外からの輸入に頼っている

◎輸入量の約51％が米国から、31％がカナダから、18％がオーストラリアから

◎平成6年、食糧管理法から食糧法に変更になったときに、相場変動制に移行

◎日本では、ほとんどの小麦を政府が輸入し、製粉会社に販売する仕組みになっている

◎政府買い付け価格は、6カ月間の買い付け価格の平均価格＋マークアップ（内麦助成金充当分＋管理経費）＋港湾経費となっている。米国シカゴで取引される小麦価格の影響を受けて価格が変化する

◎ 2010年10月から備蓄対策事業が始まり、輸入された小麦は国家貿易制度のもとで、製粉会社が2.3カ月分の備蓄を行うこととなっている。備蓄内容も、小麦粉80％（内訳；パン用41％、麺用33％、菓子用12％など）、ふすま20％（飼料用）と決められている
　※参考資料（日本製粉の会社資料より）

◎備蓄対策事業により、政府受渡価格が上昇すると備蓄分の利益率も上昇する

◎輸入小麦の政府受渡価格は4月と10月（年に2回）に決定される。

改定内容は農林水産省の HP で確認できる（農林水産省の価格改定の発表は 3 月・9 月の受渡価格の変更より少し早い）

◎受渡価格が上がれば、製粉会社にとっては保有資産価値の上昇となる。下がれば、小麦を製粉会社から仕入れる企業にとっては利益率の向上という期待が浮上しやすくなる

以上を踏まえたうえで、解説します。

1）小麦価格が上昇している場合

　4 月ないし 10 月の発表までの間に、米国シカゴの小麦価格の推移（米国小麦先物のチャートで日々の取引価格を見ることができます。参考；https://jp.investing.com/commodities/us-wheat）と取引価格を確認し、半年間の小麦価格が前回発表時よりも上昇傾向にあり、受渡価格が引き上げられる可能性があれば、買いスタンスで臨みます（製粉会社の 2.3 カ月分の備蓄分利益率が上昇するため）。

【代表的な製粉会社】

◎【2001】日本製粉（政府受渡価格が上昇すると、備蓄対策法令で定められている 2.3 カ月分の備蓄分の資産保有価値が上昇する）

（基本方針）
◎風が吹けば　→　桶屋が儲かる
◎小麦価格が上昇したら　→　製粉会社を買う

2）小麦価格が下落している場合

　逆に、前回発表時よりも受渡価格が引き下げられる可能性があれば、製粉会社から小麦を仕入れている企業にとっては、仕入れ価格（コスト）の低下によって利益率の上昇が見込めることから買いスタンスで臨みます。

【製粉会社から小麦を仕入れている代表的な企業】
◎【2212】山崎製パン（小麦価格が下落すると、利益率が上昇する）

（基本方針）

◎風が吹けば　→　桶屋が儲かる

◎小麦価格が下落したら

　→製粉会社から小麦を仕入れている企業を買う

3）事例紹介：山崎製パン

　2019年4月と10月の2回にわたり、農林水産省は米国産小麦の収穫増の見通しや世界的に供給量が潤沢となる見込みであること、為替が円高で推移したことなどにより、小麦の受渡価格の引き下げを発表しました。

　10月末の決算発表では減収減益となったものの、10月からの小麦価格引き下げによって、次期に関しては仕入れ値が抑えられる期待が浮上する可能性が考えられたため、決算発表後に買い。11月に入ってからは右肩上がりとなりました。

◆山崎製パン（日足）

出典：チャートギャラリー

308

第**6**章

まとめ

~第1節~
時間軸（仕掛けのタイミング）の取り方

　第4章、もしくは第5章の手順で銘柄を絞り込みが完了したならば、決算発表を通過し、決算に対する反応が一巡したことを確認したあとで「次の決算の前、もしくは次の決算へ向けて待ち伏せて投資すること」が先取り投資の基本になります。以下、解説します。

1）決算発表の内容を受け、株価が上昇するケース

　決算が好感され、次の決算に対しても、同銘柄に対し期待が膨らんでいる状況です。このケースでは、原価となるはずの商品価格の推移を確認しておきます。

　例えば、4月の決算発表で好決算を発表していたとします。仮に、当該決算に関係する1月～3月の仕入れ価格（企業が仕入れている商品市場の価格動向）が、4月以降、下降傾向にある場合、商品価格の下落がプラスに寄与する銘柄（例えば、大豆価格が下落したときの食品セクターの銘柄など）であれば、次の決算ではさらなる利益率の改善を確認できる可能性が高くなります。

　逆に、商品価格の下落がマイナスに寄与する銘柄（例えば、天然ガス価格が下落したときの電力ガスセクターの銘柄など）であれば、次の決算では利益率の低下につながる可能性が高まります。

したがって、このケースの場合、商品価格の下落がプラスに寄与する銘柄であれば、次の決算に向けて押し目買いスタンスで臨みます。

一方、商品価格の下落がマイナスに寄与する銘柄であれば、次の決算に向けて高値では信用売りするスタンスで臨みます。

２）決算発表の内容を受け、株価が下落するケース

決算が嫌気され、次の決算に対しても、同銘柄に対し懸念が高まっている状況です。原価となるはずの商品価格の推移を確認しておきます。

先述したものの逆のパターンになりますが、この場合、当該決算に関係する過去３カ月の仕入れ価格（企業が仕入れている商品市場の価格動向）が決算通過後、下降傾向にある場合、商品価格の下落がプラスに寄与する銘柄にとっては利益率改善の可能性が高まります。このようなケースでは、下がったところで少しずつ拾うスタンスで次の決算に向けて買い向かいます。以下は、実際にあった例です。

【事例】

2018年12月半ば　それまで米中貿易摩擦の影響で米国から大豆の輸入をストップしていた中国で、「中国の国営企業が米国産大豆を購入した」との報道がありました。そのニュースが出るまで下落し続けていた大豆価格は、以降、中国の大豆購入が進むのに伴って上昇に転じる可能性が考えられるようになりました。

その時点のキッコーマンの株価は史上最高値圏。大豆価格の下落により全体相場の流れに関係なくキッコーマンにとっては追い風でしたが、大豆価格が上昇に転じれば、利益率が低下する可能性が出てきました。

そこで信用売り開始。2019 年 2 月初旬の決算発表までの 2 カ月弱で高値から約 26 ％下落しました。 2 月 4 日の場中に発表された決算でも利益率の低下がうたわれ、その日は大陰線を形成。そこからさらに 4 営業日連続で続落しました。その後、いったんは反発したものの、米国産大豆価格がある程度安定するまでの間、下げ続けました。

　このように、米国商品市場の動向をチェックすることで、東証一部の銘柄であってもスイングで値幅を狙っていくことが可能になります。

◆キッコーマン

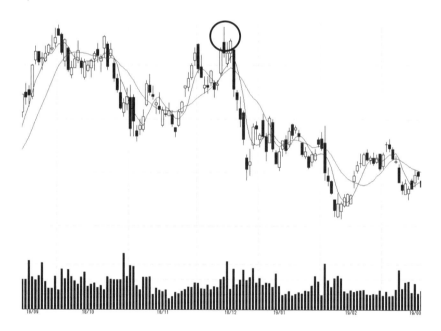

~第2節~
最後に

　企業の月次発表や、受注残を見ていくことで、その業績や利益率等を測ることも大切ですが、商品市場の価格動向を見ることで、当該商品を仕入れている企業の業績を測ることも大切です。仕入れ価格によっては、業績を圧迫することもあれば、追い風になることもあるからです。

　月次発表は、受注残に関しては、月に一度、ないしは3カ月に一度の決算で確認するしか方法がありませんが、商品価格は毎日確認できますから、当該商品を扱う企業を追うことは手堅い投資方法のひとつと言えるのではないでしょうか。

　単純に金や原油の価格等をチェックしている人は多いかもしれませんが、さらにもう1段階レベルを上げて、在庫状況などを確認することをお勧めします。「今後、どのセクターに資金が入ってきやすい状況になるか」を掴むうえでのヒントになるからです。

　また投資を行っていくうえで、経済指標や報道などをチェックしていくことはもちろん大切ですが、本質を見極めることは、それ以上に重要なファクターです。米国は産油国と位置づけられるだけでなく、トップクラスの農産物輸出国でもあります。ということは、「（米国から）どの国に、どの商品を、どれだけ輸出しているか」を見ておけば、その国々の景気動向を知る助けにもなるのです。

単純に景気が良く、農産物やエネルギーを大量に輸入している国は経済が順調に回っていると捉えられるでしょうし、逆に輸入量が減っている国は経済が後退していると捉えられるでしょう。

執筆現在、経済の2トップは米国や中国とされていますが、今後、人口の面から考えるとインドが台頭してくる可能性もあります。

仮にそうなった場合でも、それらの国々で消費量の多い商品市場動向をチェックすることで、「マーケットが何を見て、どんな反応をし、経済状況はどうなのか」などを予測する手助けになるはずです。

商品市場を見て、それぞれの動きを組み合わせて考え、「どのセクターに資金が流れてきやすいか」を掴めるようになれば、情報に振り回されることなく、自分なりの相場観が持てるようになるのではないでしょうか。

米国商品市場の影響を受けるセクターを選び、なおかつ、商品の価格や在庫の推移から業績の変調を予測した銘柄の売買をし始めて思うのは、「アナリストレーティングは確実ではない」ということです。実例で挙げたキッコーマンの信用売りのときも、資生堂の信用売りのときも、決算発表に向けてアナリストレーティングにより目標株価が引き上げられました。目標株価の引き上げにより、どちらの株価も私が仕掛けたときからさらに上昇したものの、決算を機に、または決算の直前から下げに転じました。さらに言うと、どちらの銘柄も決算を受けて目標株価の引き下げが出されています。

「多少含み損を抱えたとしても、なぜ持ち続けられるのか」というと、商品の価格の推移や商品の在庫量は、（その商品が）関連する銘柄にとっては裏付けとなると考えているからです。細かく決算書等が読めなくても、「業績の変化」に注目すれば、今後の動きを比較的容易に予測しやすいと言えるのではないでしょうか。

日々、材料を見て、関連する銘柄の決算に向けて待ち伏せして投資することで、個人投資家という立場であったとしても、レーティングが変更されるよりも前に、当該企業の業績の変化を読み取れるようになるのです。要するに、先取りすることができるのです。

　2019年12月10日現在、日本市場に上場している企業は3766社もあります。その中で、細かな業績を睨んで投資する銘柄を絞り出す作業は、個人投資家にとって、とても労力のいる仕事です。
　その点、各商品のファンダメンタルズを加味して業種を選別するのであれば、1/33（注：日本株式市場は全部で33業種に分けられています）。そこから出来高の多い銘柄を見るのであれば、選択肢の数はぐっと減ります。
　「商品＝企業の仕入れ」につながることから、実際に資金の流入しやすいセクター、流出しやすいセクターを考えるヒントにもなります。テーマ株にとっても、需給や在庫状況から、当該テーマ株を仕掛ける時期などのヒントを得ることも可能です。

　仕入れは、企業にとって重要な糧です。商品市場は本当に面白いですし、奥が深いのです。より、深く商品市場を知るために、この本の出版を誰より楽しみにしていたのは、私かもしれません。
　それぞれの商品市場の価格動向や在庫状況、需給状況を確認したうえで、ゴールドと原油、原油と大豆のように、各商品市場の動向を組み合わせて考えることで、どのセクターに資金を入れれば利益を上げやすいかを予測する。セクターごとに考えると、経済状況がつながって見えてくる。投資成績につながる。商品の需給状況と在庫状況で、どのセクターに投資すべきかの裏づけをとる。
　これが、私にとっての手堅い投資方法でした。

巻末付録

情報源リスト ～商品情報編～

	注目すべき項目	関係の深い市場	やや関係のある市場	
1) 原油・天然ガス関連				
石油在庫統計（Weekly Petroleum Status Report）	①在庫（Ending Stocks） ②製油所稼働率 　（Refinery Utilization） ③原油生産 　（Crude Oil Production） ④石油製品需要（Product Supplied of Petroleum Products） ⑤輸入、輸出 　（Imports, Exports）	原油	コーン	
OPEC 月報	①世界石油需要 ② OPEC に対する石油需要 　（Call on OPEC） ③ OPEC 生産量 ④非 OPEC 産油国の生産量 ⑤在庫量	原油		
IEA 月報	①世界石油需要 ② OPEC に対する石油需要 　（Call on OPEC） ③ OPEC 生産量 ④非 OPEC 産油国の生産量 ⑤在庫量	原油		
EIA アウトルック	①世界石油需要 ② OPEC に対する石油需要 　（Call on OPEC） ③ OPEC 生産量 ④非 OPEC 産油国の生産量 ⑤在庫量	原油、天然ガス		

発表元	URL
米エネルギー省情報局（EIA）	http://www.eia.doe.gov/oil_gas/petroleum/data_publications/weekly_petroleum_status_report/wpsr.html
石油輸出国機構（OPEC）	https://www.opec.org/opec_web/en/publications/338.htm
国際エネルギー機関（IEA）	https://www.iea.org/topics/oil-market-report
米エネルギー省情報局（EIA）	http://www.eia.gov/forecasts/steo/

	注目すべき項目	関係の深い市場	やや関係のある市場	
天然ガス在庫統計（Weekly Natural Gas Storage Report）	①在庫	天然ガス		
稼動リグ数	①原油の稼動リグ数	原油、天然ガス		
北米の稼動リグ数レポート（North America Rig Count）	②天然ガスの稼動リグ数			
2）ゴールド関連				
ゴールド・ディマンド・トレンド	①宝飾需要 ②テクノロジー需要 ③一般投資 ④ETF ⑤鉱山生産 ⑥スクラップ供給 ⑦鉱山会社のヘッジ ⑧各国中央銀行による金保有	金		
中央銀行の金保有高	-	金		
3）コーン・大豆・小麦関連				
週間輸出成約高（Weekly Export Sales）		コーン・大豆・小麦		
週間輸出検証高（Weekly Export Inspection）		コーン・大豆・小麦		
クロップ・プログレス（Weekly Crop Progress）	①作柄（不良・やや不良・平均・やや良・良） ②生育の進捗状況	コーン・大豆・小麦		

発表元	URL
米エネルギー省情報局 (EIA)	http://ir.eia.gov/ngs/ngs.html
ベーカーヒューズ社	https://bakerhughesrigcount.gcs-web.com/na-rig-count?c=79687&p=irol-reportsother
ワールド・ゴールドカウンシル	https://www.gold.org/goldhub/research/gold-demand-trends
ワールド・ゴールドカウンシル	https://www.gold.org/goldhub/data/monthly-central-bank-statistics
米農務省（USDA）	https://apps.fas.usda.gov/export-sales/esrd1.html
米農務省（USDA）	https://www.ams.usda.gov/mnreports/wa_gr101.txt
米農務省（USDA）	https://usda.library.cornell.edu/concern/publications/8336h188j?locale=en

	注目すべき項目	関係の深い市場	やや関係のある市場	
需給報告（World Agricultural Supply and Demand Estimates）	①作付面積（Area Plated）、収穫面積（Area Harvested） ②単収（イールド）、生産量（Production） ③輸出 ④飼料需要、残余分（Feed and Residual）‐ コーン、小麦 ⑤エタノール（Ethanol & by-products）―コーンのみ ⑥国内圧搾需要（Crushing）―大豆のみ ⑦期末在庫と在庫率	コーン・大豆・小麦		
四半期在庫（Grain Stocks）		コーン・大豆・小麦		
作付意向調査、作付推定	作付意向調査	コーン・大豆・小麦		
	作付推定	コーン・大豆・小麦		

発表元	URL
米農務省（USDA）	https://www.usda.gov/oce/commodity/wasde/index.htm
米農務省（USDA）	https://usda.library.cornell.edu/concern/publications/xg94hp534
米農務省（USDA）	https://usda.library.cornell.edu/concern/publications/x633f100h
米農務省（USDA）	https://usda.library.cornell.edu/concern/publications/j098zb09z

巻末付録

情報源リスト ～経済指標編～

	注目すべき項目	関係の深い商品市場
1）物価関連		
消費者物価指数（CPI）	消費者物価指数 　コア(エネルギー・食品除く)	金
生産者物価指数（PPI	最終需要 　コア(エネルギー・食品除く)	金
輸入・輸出物価指数	輸入物価指数 　非燃料	金
	輸出物価指数	
雇用コスト指数	雇用コスト指数 　給与 　福利厚生	金
2）景気関連(全体)		
実質国内総生産（GDP）	実質国内総生産 　個人消費 　設備投資 　住宅投資 　物価指標 　在庫 　政府支出	原油、金
	個人消費支出(PCE)価格指数 　個人消費支出(PCE)価格指 　数コア	
景気先行指数	景気先行指数 　景気一致指数 　景気遅行指数	原油、金
労働生産性	労働生産性 　単位労働コスト	原油、金
3）景気関連(企業サイド)		
ISM製造業・非製造業指数	総合指数 　生産 　新規受注 　受注残 　在庫 　出荷 　雇用 　価格	原油、金

発表元	URL
米労働省	http://stats.bls.gov/cpi/home.htm
米労働省	http://stats.bls.gov/ppi/home.htm
米労働省	http://stats.bls.gov/mxp/home.htm
米労働省	http://stats.bls.gov/ncs/ect/home.htm
米商務省	http://www.bea.gov/newsreleases/national/gdp/gdpnewsrelease.htm
カンファレンスボード	http://www.conference-board.org/data/bcicountry.cfm?cid=1
米労働省	http://stats.bls.gov/lpc/home.htm
米供給管理協会（ISM)	https://www.instituteforsupplymanagement.org/research/report-on-business

	注目すべき項目	関係の深い商品市場
製造業受注	製造業受注	原油、金
	耐久財受注 　運輸除く(ex-Trans) 　防衛除く(ex-Defence)	
	非防衛資本財受注 　航空機除く	
鉱工業生産指数	鉱工業生産指数	原油
	設備稼働率	

4)景気関連(消費者サイド)

	注目すべき項目	関係の深い商品市場
消費者信頼感指数	消費者信頼感指数 　現状指数 　期待指数	原油、金
ロイター/ミシガン大消費者指数修正値	消費者指数 　現状指数 　期待指数	原油、金
小売売上高	小売売上高 　自動車除く 　自動車、建設資材・造園、 　ガソリンスタンド除く	原油、金
個人所得・個人消費支出	個人所得	原油、金
	個人消費支出 　貯蓄率	
	個人消費価格指数（PCE） 　PCEコア	

5）雇用関連

	注目すべき項目	関係の深い商品市場
失業保険新規申請件数	失業保険新規申請件数	原油、金
	継続受給件数	
雇用統計	非農業雇用数	原油、金
	民間雇用数 　週平均労働時間 　時間あたり賃金	
	失業率 　労働力人口 　就業者数	

発表元	URL
米国勢調査局	http://www.census.gov/indicator/www/m3/
米連邦準備制度理事会 （FRB)	http://www.federalreserve.gov/releases/g17/

発表元	URL
カンファレンスボード	http://www.conference-board.org/data/ consumerdata.cfm
ロイター/ミシガン大学	http://www.sca.isr.umich.edu/
米国勢調査局	http://www.census.gov/retail/
米商務省	http://www.bea.gov/newsreleases/national/pi/ pinewsrelease.htm

発表元	URL
米労働省	http://www.dol.gov/ui/data.pdf
米労働省	http://stats.bls.gov/cps/home.htm

	注目すべき項目	関係の深い商品市場
6）住宅関連		
新規住宅着工・建築許可件数	新規住宅着工件数	金
	建築許可件数	
新築住宅販売	新築住宅販売件数	金
	販売価格(中間値)	
中古住宅販売	中古住宅販売	金
	販売価格(中間値)	
住宅販売ペンディング(契約進行中)指数	ペンディング指数	金
S&Pコアロジック/ケース・シラー住宅価格指数	10都市総合	金
	20都市総合	

発表元	URL
米国勢調査局	http://www.census.gov/construction/nrc/
米国勢調査局	http://www.census.gov/construction/nrs/
全米不動産協会	http://www.realtor.org/topics/existing-home-sales
全米不動産協会	http://www.realtor.org/topics/pending-home-sales
スタンダード・アンド・プアーズ社	https://my.spindices.com/index-family/sp-corelogic-case-shiller/sp-corelogic-case-shiller-composite

おわりに

最後までこの本を読んでいただき、ありがとうございました

本のタイトルは株式投資の本ですが、読んでいただいた方にはわかるとおり、私の担当した部分は純粋な商品市場におけるファンダメンタルズの分析方法と、それに基づいたトレード戦略についての話となっています。

商品市場は株式や債券、FX といった金融市場との結びつきも強く、その動向を知ることは投資家にとって欠かせないものではありますが、残念ながら、一般の投資家の間にまで商品に対する知識が広く浸透しているのかと言えば、そうではありません。私は縁あって商品の世界に長く身を置いてきましたが、そこで得た知識を投資家の皆さんにどのように伝えていけばよいのかは、長年の課題でした。

商品のことを勉強しても、今の日本国内では商品取引があまり活発ではなく、それを投資に活かすことが出来ないというのも、一因となっているのでしょう。もちろん、だからといって商品市場が重要ではないというわけでは決してなく、米国をはじめ世界では商品市場の影響力や注目度が、以前にも増して高まっているのが実際のところです。

そのような背景の中で、今回の共著者である東条麻衣子さんと出会い、彼女が商品の情報や値動きを参考にして日本株投資の戦略を立て、しっかりとした成績を残していると知り、「これが日本の投資家に商品市場をわかってもらうための橋渡しになるのではないか」とひらめ

いたのです。

　きっかけは日本株投資をするためだったとしても、商品市場に興味を抱くようになれば、直接商品市場でトレードすることももちろん可能です。折りしも 2020 年は日本取引所（JPX）が東京商品取引所（TOCOM）を傘下に入れ、金先物などの商品取引が JPX に移管されるという、総合取引所構想が途についた記念すべき年でもあります。日本国内でも、この先、商品を取引する環境は、急速に整っていくことになるでしょう。

　この本をきっかけに、皆さんが商品市場にも興味を持ち、投資の幅を広げることができるなら、これ以上の喜びはありません。

　最後に、商品市場を利用して日本株に投資するという、前例のない投資方法を本にしようというアイデアを、リスクを取って採用してくれたパンローリングの大蔵貴雄さん、多くの案件を抱える多忙な身でありながら、夜遅くまで作業を行ってくださった編集の磯崎公亜さん、そして、このアイデアをもたらしてくれた共著者の東条麻衣子さんに、改めてお礼を申し上げたいと思います。

　また、私が日本にいて NY を留守にしている間も、現地で情報をしっかりと収集、的確にまとめてくれている、よそうかいグローバルインベスターズの同僚である浅野直子さんには、感謝という言葉では語りつくせないほどに色々と助けてもらっております。私のかけがえのない家族にも、改めて感謝の意を伝えたいと思います。

2020 年 4 月吉日　　松本英毅

あとがき

　当たり前のことですが、上昇相場もあれば、下落相場も存在します。残念なことに、個別銘柄にとても詳しい人でも度々訪れる下落相場で退場者が出てしまう……。長く投資を続けるためには、市況を読むことや、大きな流れに逆らわないことが本当に重要だと思います。

　ただ、そのことを頭ではわかっていても、実際に流れを掴むことはとても難しいことなのです。筆者自身は、米国商品市場の流れを追うようなってから、相場の状況に合わせた戦略を立てられるようになりました。

　戦略と流れが合うと、『景気が良くても悪くても、投資で利益を生み出すことができる』ものなのです。本書を読んでくださった方々が、投資戦略を練る楽しさを感じるようになったり、利益をさらに積み増しできるようになれば幸いです。

　最後になりますが、今回の出版に関わってくださった皆様には、感謝してもしきれないほどの感謝をしております。
　パンローリング株式会社の大蔵貴雄さんは、本書の企画をしてくださったばかりか、執筆中にも何度も何度も背中を押してサポートしていただきました。
　担当編集者の磯﨑公亜さんは、私のつたない説明を常にやさしく根気よく聞いて、理解に努めてくださいました。本当に大変だったと思います。
　共著者の松本英毅さんは、どんな質問に対しても丁寧に答えてくだ

さりました。執筆期間中、書くことに詰まったときにも親身に私の投資法を聞いて、執筆完了まで導いてくださいました。

　皆様と一緒に出版することに関われたことを、心よりうれしく思います。本当にありがとうございました！

2020 年 4 月吉日　東条麻衣子

◆著者プロフィール

松本英毅（まつもと　えいき）

よそうかい・グローバル・インベスターズ・インク代表。米国商品・金融市場スト
ラテジスト自らもファンドを立ち上げ、米国市場で運用するトレーダーでもある。
音楽の道を志して渡米、ニューヨークで数年間プロのベーシストとして活動した
あと、商品ブローカーに転身、その後市場分析、運用への道に進むという異例の
存在。現在もニューヨークを拠点に活動し、会員制米国市場情報サイト「よそう
かい.com」を運営。実際のトレードに役立つ情報提供を身上とする。
金融から商品市場まで幅広い知識を有しており、ひとつの銘柄にとらわれること
なく総合的な判断を下すことができるのが強み。中でも、1バレル＝10ドル時代
から追い続けてきた原油市場については造詣が深い。ファンドでの経験を活かし
た切り口の鋭い分析に定評がある。

東条麻衣子（とうじょう　まいこ）

投資歴20年弱の個人投資家。米国留学時に株式投資に興味を持ち、就職し資金を
貯め、東証一部上場企業で秘書をしていた際に投資を開始。投資を始めて2年で、
銀行株で資産を10倍にまで増やす。
投資で増えた資金で、頻繁に米国に行けるという理由から投資はゆったりと続け
ながら、セレクトショップを経営。渋谷・銀座・代官山・赤坂見附・浦和などに
出店、10年経営したところでアパレル企業を売却。
アパレルで稼いだ利益をプラスして、本格的に株式投資を開始。2013年のサーキ
ットブレーカーで買い一辺倒の怖さを知る。上昇相場でも下落相場でも利益を出
せるよう、大きな流れに沿った投資を実践。相場反転の可能性について警鐘を鳴
らす「株式注意情報.jp」の運営メンバー。
2018年2月のVIXショック、10月の世界同時株安、2019年5月米中貿易協議決裂に
よる下げ相場、2020年1月からの世界同時株安の起こる前に下落の可能性を発信。
　　「kabutan」の珠玉の相場コラムに市況記事を気ままに執筆中。

2020 年 5 月 4 日　初版第 1 刷発行

現代の錬金術師シリーズ (158)

米国商品情報を活用して待ち伏せする

"先取り" 株式投資術
——大きく動く前に仕込むための思考法とアクションプラン

著　者	松本英毅　東条麻衣子
発行者	後藤康徳
発行所	パンローリング株式会社
	〒 160-0023　東京都新宿区西新宿 7-9-18　6 階
	TEL 03-5386-7391　　FAX 03-5386-7393
	http://www.panrolling.com/
	E-mail　info@panrolling.com
装　丁	パンローリング装丁室
組　版	パンローリング制作室
印刷・製本	株式会社シナノ

ISBN978-4-7759-9173-2

【免責事項】
この本で紹介している方法や技術、指標が利益を生む、あるいは損失につながることはない、と仮定してはなりません。過去の結果は必ずしも将来の結果を示したものではありません。この本の実例は教育的な目的のみで用いられるものであり、売買の注文を勧めるものではありません。

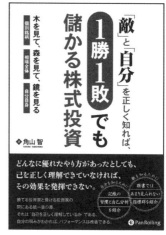

あなたのトレード判断能力を大幅に鍛える
エリオット波動研究

一般社団法人日本エリオット波動研究所【著】

定価 本体2,800円+税　ISBN:9784775991527

基礎からトレード戦略まで網羅したエリオット波動の教科書

エリオット波動理論を学ぶことで得られるのは、「今の株価が波動のどの位置にいるのか（上昇波動や下落波動の序盤か中盤か終盤か）」「今後どちらの方向に動くのか（上昇か下落か）」「どの地点まで動くのか（上昇や下落の目標）」という問題に対する判断能力です。エリオット波動理論によって、これまでの株価の動きを分析し、さらに今後の株価の進路のメインシナリオとサブシナリオを描くことで、それらに基づいた「効率良いリスク管理に優れたトレード戦略」を探ることができます。そのためにも、まずは本書でエリオット波動の基本をしっかり理解して習得してください。

稼げる投資家になるための
投資の正しい考え方

上総介（かずさのすけ）【著】

定価 本体1,500円+税　ISBN:9784775991237

投資で真に大切なものとは？
手法なのか？ 資金管理なのか？ それとも……

投資の基本原則とは何か。陥りやすい失敗とは何か。攻撃するときの考え方とは何かなど、本書では、全6章30話からなる投資の正しい考え方を紹介しています。その際、歴史の面からの事例も紹介しています。これは「真の理解をするためには、歴史の事象を学ぶことが最適である」という著者の持論によるものです。何事も、土台がしっかりしていなければ、いくら上物を豪華にしても、長くは保ちません。あせらず、ゆっくり、投資の基礎を固めることから始めてみてはどうでしょうか。「正しい考え方」が身につけば、特殊な投資テクニックなどがなくても、投資の基本を忠実に行うことで稼げるようになっていきます。

小次郎講師流 目標利益を安定的に狙い澄まして獲る

真・トレーダーズバイブル

小次郎講師【著】

定価 本体2,800円+税　ISBN:9784775991435

エントリー手法は、資金管理とリスク管理とセットになって、はじめてその効果を発揮する。

本書では、伝説のトレーダー集団「タートルズ」のトレードのやり方から、適切なポジション量を導き出す資金管理のやり方と、適切なロスカットをはじき出すリスク管理のやり方を紹介しています。どんなに優れたエントリー手法があったとしても、資金管理（適切なポジション量）とリスク管理（どこまでリスクを許容すべきか）が構築されていないと、その効果を十二分に発揮できないからです。「破産しないこと」を前提に、安定的に、目標利益を狙い澄まして獲れるトレーダーのことを、本書ではVトレーダーと呼んでいます。Vトレーダーになるために、何をすべきか。その答えを本書の中で明かしています。

小次郎講師流テクニカル指標を計算式から学び、その本質に迫る

真・チャート分析大全

小次郎講師【著】

定価 本体2,800円+税　ISBN:9784775991589

安定的に儲けるためにはチャート分析が不可欠である

チャート分析について勉強すると、「どこが買いポイント、どこが売りポイント」というところにばかり興味がいきがちになる。しかし、それだけの研究はお勧めしない。チャート分析で真に重要なのは、売買サイン発生の仕組みをきちんと理解することにあるからだ。そのため、本書では、さまざまなテクニカ指標（※）の計算式を載せている。「このテクニカル指標は何を見ているものなのか」を正しく理解してほしい。

※ローソク足、平均足、新値足、移動平均線、移動平均線大循環分析、RSI、ストキャスティクス、ボリンジャーバンド、一目均衡表、MACD、大循環MACD

スピード出世銘柄を見逃さずにキャッチする
新高値ブレイクの成長株投資法

10倍株との出合い方を学ぶ

ふりーパパ, DUKE。【著】

定価 本体2,800円+税　ISBN:9784775991633

買った瞬間に「含み益」も大げさではない！ファンダメンタルの裏付けがある「新高値」の威力とは？

「新高値」を使った成長株投資を行うと、極めて重要な「投資の時間効率」が格段に向上する。ファンダメンタル分析だけで石の上にも3年的な"我慢の投資"から解放されるのだ。スピード出世する銘柄に出合いやすい点は大きなメリットになる。「新高値」を付けるときには、会社のファンダメンタルズに大きな変化が起きている可能性も高い。つまり、業績を大きく変えるような「何らかの事象が起こっていること」を察知しやすいというメリットも「新高値」を使った成長株投資にはある。

対TOPIX業種指数チャートの動きに乗る
個人投資家のための「市況株」短期トレード

浜本学泰【著】

定価 本体2,000円+税　ISBN:9784775991558

対TOPIX業種指数チャートの動きに乗る、当たりまくりの短期トレード

個人投資家は、機関投資家が苦手な分野で勝負する必要がある。それこそが、「市況株」の短期でのテクニカルトレードだ。TOPIXの方向を確認し、オリジナルの対TOPIX業種指数チャートを見て、どの業種が強いか、弱いかを知り、その業種内の銘柄（ほぼ決まっている）をトレードする。短期前提ならば、選んだ素直に動きやすいという特徴があるから、「エントリーした途端に大きく逆行してしまった」というような悩みが起こりにくい。当てにいかずに、「動いた」という事実に乗るだけのトレード法だ！

資産を作るための株式投資
資産を遺すための株式投資

余命宣告を受けた「バリュー投資家」の人生最後の教え

石川臨太郎【著】

定価 本体2,800円+税　ISBN:9784775991671

「命の期限」を受け入れたうえで、なお伝えたかったこととは……。

本書では、「サラリーマンを続けながら株式投資すること」を、繰り返し推奨している。なぜなら、株式投資だけで生活するのは、想像以上にストレスも溜まり、一筋縄ではいかないからだ。だからこそ、ストレスなく続けられる中長期目線のバリュー投資を紹介している。また、愛する人を想定し、かれらに資産を遺すことを考えながら投資をしていくことも本書のテーマとなっている。資産を作ることだけでない。資産を遺すことについても著者の"遺言"として語っている。

上げても下げても「買い」だけで生涯資産を作る
一粒萬倍の株式投資宝典

お金の不安から逃れるための実戦マニュアル

松川行雄【著】

定価 本体2,800円+税　ISBN:9784775991619

やるべきことは、すでに決まっている！

「株式投資でいかに儲けるのか」という話になると、普通は手法が中心になる。しかし、手法に詳しいだけでは足りない。総合的に株式投資のことを知っておく必要がある。株式投資自体は難しくはない。知らなければいけないものだけを理解しておき、やらねばいけないことを決め（＝ルール化し）、決めたことを実行し続けるだけでよい。本書では、株式投資に精通していない人にも取り組んでもらえるように、結果を出しやすい銘柄をまとめた「リスト」を付けている。さらに、圧倒的なパフォーマンスを挙げた手法（週単位）も紹介している。

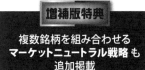

相場の上下は考えない
「期待値」で考える
株式トレード術　増補版

増田圭祐【著】

定価 本体2,000円+税　ISBN:9784775991596

相場変動に左右されない、期待値の高い取引＝サヤ取り投資

サヤ取り投資とは、値動きの似た2銘柄について、「買い」と「売り」を同時に行い、その2銘柄の価格差（サヤ）の伸縮から利益を狙う投資法である。両建てする（買いと売りを両方同時に保有する）ので、株価が上がろうが、株価が下がろうが、損益には影響しない、期待値の高いやり方である。本書では、サヤチャートにボリンジャーバンドを表示して行う、平均回帰と平均乖離という2つのやり方を紹介している。

矢口新の短期トレード教室

転換点を見極め、利益を残す方法を学ぶ

矢口 新【著】

定価 本体1,800円+税　ISBN:9784775991541

本書の最終目的は、テクニカル指標はいっさい排除した、「素のチャート」で転換点を見極め、トレードしていくことである！

本書の最大の売りは、最終目標を「テクニカルを排除したトレード」に置いているところです。テクニカル指標を参考にしたトレード手法は数多くありますが、「テクニカル指標を使わずに転換点を見極めトレードしていこう」という点は斬新です　具体的には、「素のチャート」にて、4つの値動き（高値&安値切り上げ、高値&安値切り下げ、抱き線、はらみ線。前半の2つは転換点、後半の2つは様子見）で建玉操作していく方法を学びます。

投資(トレード)のやり方は
ひとつではない。
"百人百色"のやり方がある！

凄腕の投資家たちが
赤裸々に語ってくれた、
投資のやり方や考え方とは
いかに……。

百人百色の投資法
投資家100人が教えてくれた
トレードアイデア集 Vol.1

JACK◆

Pan Rolling

続々刊行

本書では、100人の投資家(トレーダー)が教えてくれた、
トレードアイデアを紹介しています。
みなさんの投資(トレード)にお役立てください!!

百人百色の投資法
投資家100人が教えてくれたトレードアイデア集　JACK著

シリーズ全5巻